困難な時代の心のサプリ

海原 純子

毎日文庫

はじめに

毎日新聞の日曜版に連載を始めたのは２００５年。どんな年だったか、と思い返してもすぐには思い浮かばない。年表を調べてみると、小泉純一郎元首相が郵政解散をした年だった。当時はまだツイッターなどは使われていない。インターネットの普及率も6割程度。携帯電話もいわゆるガラケーだった。今から考えるとまるで別世界。ごく普通に大きな変化もなく過ごしてきた感じがするが、あとから振り返るとコミュニケーションの方法をはじめ、日常生活はがらりと変わってきたのだと思う。

今回、２００５年から２０１１年夏までの連載をまとめた単行本『困難な時代の心のサプリ』を文庫化するにあたり読み返してみると、私たちを取り巻く環境が、ハードの部分だけでなく、ものの考え方や社会的通念まで劇的に変化してきたことに気がついた。そこで内容に大幅に加筆して再編を加えた。

私自身も2012年からそれまでの仕事環境を一変することになった。そのきっかけは東日本大震災だった。大震災直後、まだ余震が収まらず福島の原発がメルトダウンして双葉町の方々がさいたまアリーナに避難してきたとき、私は当時勤務していた北関東の大学の教育学部の学生を連れてアリーナに支援に出かけた。友人のトレーナーの女性たちにも声をかけ一緒に出かけ、アリーナ近くの男女共同参画の会館の2階のフロアを借りて、ストレッチやお子さんの遊びなどの支援をしたのだった。

これから長く続くであろう被災後のストレスを想像したとき、自分は心療内科医として何ができるのだろうか、と考えた。当時勤務していた文科系大学の生活は充実していたし、夏や冬の講義がない時期にはアメリカで研究生活ができるという非常に恵まれた環境にあり、多分私の人生の中で一番平和な日々だったと思う。保育士や教師を目指す学生たちは、ゼミ生も含め素直な性格で学部は違っても、参加可能な昼休みの特別ゼミを作って、学生たちの活発な意見交換や交流を楽しんでいた。

ただこの環境の中では、被災地の支援や1000年に一度という災害に巻き込まれた人たちに何かすることは難しかった。そんな思いで過ごしていたとき、それまで手伝っていた医学研究のつながりで日本医科大学に転職し、ちょうど公募が始まった復興庁の被災地サポート事業を手掛けることになった。被災地を回りながら、特に津波で大きな被害を受けた地の方たちとのかかわりの中で、人の幸福について考えるようになった。

大きなストレスの中で人はどのようにそれに向き合い乗り越えていくのか、どうすればつらい日々を少しでも心地よく過ごせるようになるのか。被災地で仮設住宅に住んでいる方の中でも、周りの人とのつながりを持ち信頼関係がある人では生活満足感は保たれているのだ。それを目の当たりに体験した。

人とのかかわり、信頼感、手助けしたり助けられたり。自分が誰かの役に立つことや自分の役割を持つこと。打ち込めるもの、未来への希望、わくわくすること、そうしたことが心の栄養になる。

近年、ウェルビーイングという言葉が注目されている。病気ではないから健康だというわけではなく、気持ちよく生き納得した生活を送り、社会参加し、いいつながりを持つ、そうしたことがウェルビーイングには必要とされている。それらは東日本大震災の被災地の方々から教えてもらった。

　今年、２０２４年の元旦は能登半島で震災が起こり今はまだ復旧の見通しも不十分だ。地震や天候不順、コロナ禍は乗り越えたように見えるが、大企業以外は経済状況も決して楽にはなっていない。賃金の格差がひろがって面白くないと思っている人や不公平感でいら立っている人たちもかなり多いと思う。困難な時代はまだ続きそうな気配だ。だからこそ、この困難な中で心をすがすがしくしていきたいものだと思う。気持ちがいら立った時できる範囲でちょっと体を動かし自然と触れ合う時間を作り、自分ができることに心を込めて集中する。ちょっとだけ思いついた親切なことを誰かにする。誰かがしてくれた親切を思い出す。気持ちを立てなおす自分なりの処方箋（しょほうせん）をいくつも作っておき、いやなことがあったらそれを反芻していないで処方を実行する、それが心を成長させる。

　東日本大震災でも今年の能登半島地震でも、被災された方から「いつも当たり前にある、と思っていたものは決して当たり前じゃないんですね」という言葉がきかれた。大事なものや大事な人なのに、いつも当たり前にある、いる、と思うとたいして有難味がない。でもそのものやその人がいないと生きていくのがつらくなる。自分が持っているものに気がつくだけで心は満たされるが、残念ながら人はなくしたときにはじめて自分が持っていた宝物に気がつくものだ。

本書は心をすがすがしくするためのハウツー本ではない。日々の出来事で私が感じたり、考えたりしたことを綴っている。そして同じときを過ごして来たあなたと一緒に、困難な中でも、すがすがしい気分を持って生きることを考えたいと思っている。

目次

Ⅱ　心の柔軟性を保つ

Ⅲ　人間関係で悩まない

Ⅳ 体をもっと信じよう

Ⅴ 大人の感覚を磨く

Ⅵ 自分らしさを貫く

装丁　重実生哉

I　つらい時代を生き切る

1　温かい波を広げる

流れ星がきれいな夜があった。流れ星を見たときに願いごとをすると、その願いがかなうなどとされるが、あなたならどんな願いごとをしますか？

何を願うかは、その人の心のバロメーターである。今日の食事に困っている人は食べ物を願うだろうし、中東のように緊張の連続の中で過ごす人々は安全な住まいを、受験を控えた学生は合格を願う。

心理学者のマズローは、人間の欲求を6段階に分けている。

第1が「生理的欲求」。食べ物や睡眠などの欲求で、これが満足すると次に「安全欲求」が起こる。安全な場所で暮らしたいという欲求だ。第3の欲求は「愛と所属の欲求」。愛する人と家庭をもちたいという欲求である。第4は「社会承認欲求」であり、社会の中で認められ、自分の場をもちたいという欲求が起こる。

そして、これらが満たされると「自己実現願望」、自分らしい固有の人生を生きたいという願望が生じ、更に「自己超越願望」、つまり自分らしく生きることが他の人々にも幸せであるような人生を生きたいと思う望みが生まれるという。

流れ星を見たときに願うことは、その人の社会的、経済的環境と心のあり方を映し出す。戦後日本は一億総中流といわれ、衣食住がほぼ満たされて、人々が自分らしい人生を生きたいと望めるまでに経済成長を遂げてきた。

しかし、今また、生活に不安を感じる人が増えつつある。流れ星を見たとき、「地球上に暮らす人々と生き物が平和に暮らせるように」と願える人は今、どのくらいいるだろうか。自分が幸せになることだけで頭がいっぱいの人が増えると、世の中はすさんでくる。自分自身の衣食住に不安をかかえていると、他人を思いやるゆとりは生まれない。「みんなが幸せになれますように」と願いごとができる人が増えるよう、政治をつかさどる人々はこうした生活への不安を軽くしてほしいと思う。

以前、ある地方都市の当時の市長が「高度医療のおかげで以前は自然に淘汰(とうた)された機能障害をもった生命を生き残らせている」とブログで語り、講演でも「木の枝先が腐れば切り落とし、全体として活力のある状態にする」「社会をつくるには命の部分に踏み込まないと駄目だ。刈り込む作業をしないと全体が死ぬ」などと語ったことがある。

⁂

経済が悪化するとこういう意見に賛成する人が多くなり、逆に感情的な反発も耳にするが、医療への認識という点で、この見解には問題がある。高度医療は確実に多くの命を救っている。しかし、すべての人を救えるわけではない。医療はそれほど万能ではなく、生命を支配できない。あくまで手助けである。どれほど手を尽くしても救えない命もある。最終的に助かるのはその人の生命の力。だから、助かる生命は自然が社会に与えた命として受けとるのが当然だろう。

さて、ある高学歴エリート家族に障害のあるお子さんが誕生した。祖父は世間体を気にする大企業の重役。衝撃と混乱を経て、一家にそれまでにない結束と温かさが生まれた。生産性向上、高い地位、高学歴のみを良しとしてきた家族に、別の価値観が生まれたのだ。不思議なことに、家族はそれまでより明るく幸せに見えた。いつまで生きられるかわからない小さな命と共に過ごす時間を、大切にいとおしく思えるようになったからだろう。その命は決して腐った枝先ではなく、逆に家族に新しい活力を吹き込んだのである。

今、人間が自然や命を支配していると錯覚する人がいる。自然はそんなに小さな存在ではない。森の木々は人間が刈り込まなくとも何百年も生きてきた。刈り込まないからこそ生きてきたともいえる。木々は枯れた枝を落とすが、それは木自身が決めること。もし枯れ枝と共に木が枯れるなら、それは木が枝と共に死にたいと思うときではないだろうか。

2 「今」を生きる

成績が良く講義に欠席したことのない学生が突然大学に出てこなくなった。どうやらやる気を失ったらしい。心配していたら昼休みにやってきてくれた。同じサークルの同級生が恵まれた条件で大学生活を送っているのを知り、いやな気分になっていたという。また、その彼女が実力はさほどないのにサークルのメンバーに支持され、担当の先生に評価されているのも面白くなかったらしい。サークルをつくったのは自分なのに、後から入って実力もない人が調子よくやっているのを見て、努力家の彼女は嫌気がさしたようだ。何ごとも一生懸命に完璧にやろうとする彼女から見れば、その同級生の実力は不十分なのに、と思えてならない。

話を聴き、社会の出来事の象徴のような気がした。一生懸命やって実力があっても、周りからさほど評価を受けず、良い仕事がまわってこないこともある。実力のない人が良いポストにつくことも多い。そんな中でどう自分を腐らせずに生きるか。

学生の話で気になったのは「もう大学にくる意味がなくなりました」という言葉だ。私たちは、常に意味を求めすぎていないだろうか。評価されるという意味。何かに役立つ資格を取るという意味。健康に効くという意味、などなど。

しかし、本当に必要なことは意味など考えずにやってしまう。水を飲む、トイレに行く。結果として体を維持するという意味があるが、そのときは考えたりしない。

評価や資格という意味だけを求めず、思わず努力したくなることに精進してはどうだろうか。意味は後からついてくる。いや、生きている、ということ自体すでに意味ではないか。

私自身、その時々は意味を考えずにやってきたことが多い。出版のつもりなく書き続けた数千枚の原稿、読んだ本……、他人の評価やお金のためという意味を求めない数々のことが、実は今の自分をつくっている。学生にはそんな話をした。

とはいえ一生懸命やっている学生の努力にしっかりと目をむける教師は必要だ

し、それが教師の役割だと思った。

※

まわりの人とのネットワークの有無が、健康維持活動や人生満足度とどのようにかかわるか、という研究に着手したことがある。医学だけでなく社会学的な視点も含んだ興味深いテーマで、横浜市と栃木県小山市の協力のもと、６０００人の方にアンケート調査を行った。

入力したデータをもとに解析をはじめ、関連した文献を読みはじめた日。午後1時ごろから机の前に座り、はっと気づいたら11時。あら、とっくに夕食の時間を過ぎていたなあ、と驚き、しかし何とも幸せな気分になった。

食事を忘れて夢中になるひとときがあるなんて、なんと幸せだろう。それほど集中できることが、この年になってもまだある喜びを感じたのだ。

子供のころ、夕食を忘れて遊んでいて、親に怒られた記憶のある方は多いと思う。そのくらい夢中になることは、年と共に少なくなっていく。目新しさが薄れ、夢中になることが少なくなり、すべてが当たり前になっていく。

　ところで、夢中になることでも、それが他者から与えられたものか、自分でつくり出すものかによって、満足感は違ってくるだろう。映画やコンサートやタレントの追っかけで夢中になる場合と、自ら何かをつくり出したり、学んだりする場合とでは、持続する満足感に差が出るように思う。

　外からの刺激をうけての外存型の夢中は、そのひとときが終わった後の満足持続時間が短く、また次の刺激がないと手持ちぶさただ。しかし、自分の中からわき出る内在型の夢中は、そのひとときの後、しばらく幸せな気分が続く。

　自己満足でしょ、食事や睡眠が足りなくなるのはお肌に悪いわね、などと皮肉られる。食事も、映画も、音楽も、もちろん好きだ。しかし、それだけでは物足りない何かは、自らつくり上げる夢中のなかにこそ存在する。そして、そんな夢中を人生にもつと、人と比較して落ち込んだりしなくなる。

3　幸せ度の指標

今、経済が好転してほしいなあ、と考えている方がほとんどだろう。しかし、多くの人の目が経済や収入などばかりに向いていることには、危険な面もある。今の不況を乗り切れればそれで幸せがやってくるかというと、そうとばかりは言えない。

バブルのころも精神的な問題を抱える方は多かったし、豊かな社会、一億総中流と言われた時期も、定年後の男性の心の不安や女性の子育て後のうつなど、悩みは多かったのだ。条件が良ければ幸せになる、という短絡的な思考は、少々転換してほしいと思う。

経済状態が、心と体の健康を左右することも確かではある。アメリカでは、低所得者層のがん死亡率が高く、健康格差が生じている。

しかし、収入が多いほど健康かというと、そうでもない。イチロー・カワチ氏によると、アメリカ国民の1人あたりの国内総生産（GDP）はコスタリカの約10倍もあるが、両国の平均寿命は同じという。わが国の1人当たりの実質的GDPは、1964年から81年にかけて9倍になったが、主観的な健康、幸福状態は上昇しなかったとの研究がある。つまり、幸せを外的条件だけに求めてはいけないわけだ。

では一体、何が健康と主観的幸せ度を決定するのだろう。

ティム・カッサーとリチャード・ライアンという2人の心理学者は、人生の目標を外的条件（経済的成功、名声、美貌）として努力する人と、内的な事柄（他者とのかかわりを満足なものとし、世の中を良くすることと自己成長すること）に価値を置く人の心のありようと健康について調べた。その結果、前者では喜びを味わうことが少なく、抑うつや体の不調が多いと発表している。

心と体の健康は、景気回復だけでは保てない。外的条件の達成ばかりでなく、内的な事柄という目に見えにくい目標にも、あえて目を向ける時期のように思う。

暮れにタクシーに乗ったときのこと。東北出身の運転手さんが、「今度の正月は田舎に帰れません。売り上げが悪くて」と話していた。でも、運転手さんの表情はちっとも暗くない。「田舎にかわいい奥さんがいるんですよ」と自然に言うので、微笑がこぼれた。思わず、「結婚して何年なんですか」と聞いたら、「20年です」との答えが返ってきた。子供が3人いて、お金がかかるから、家に帰らず東京で仕事をするのだという。きっと温かい家庭なんだろうなあと想像し、20年たっても妻をかわいい奥さんと言えるなんて、いいなあと思った。

不況の時代、経済状態が悪くなって家族の仲がぎくしゃくする家庭も多い。アメリカでは、経済状況が悪くなると低所得者層で家族内暴力が増えるケースもある。

お正月を家族そろってむかえられないのはさみしいだろう。しかし、不在だからこそ相手の大切さをよりしみじみと感じることもあるだろう。いつもいる相手だと当たり前になってしまうのは、人の常である。いないからこそ感じられる相手の良さに気づき、それを味わえるのは、幸せの資質をもっている人だろうと思う。

世間一般のものさしでいえば、売り上げをあげるのが良いことで、売り上げをあげられないのは良くないこと、みっともないことになる。正月に家に帰れないのをだらしない、なんて言う人もいるだろう。

一方、20年一緒にいる妻をかわいいと感じ、正月に一人で働くことに不平不満ではなく、子供の成長を楽しみにして仕送りできるのは、「幸せの資質」のものさしだ。目に見えないそうしたものさしをもった人は、自分だけでなく周囲をも幸せにする。もうあれからしばらくたったが、タクシーを降りたときの温かい気分は、今も私の中に続いている。

☙

仕事帰り、久しぶりにスポーツクラブに寄った後、家までタクシーに乗った。

50代はじめくらいに見える女性ドライバーは、1年半前からこの仕事をしているという。「ちょうど景気が悪くなってからだから、大変」と言いながらも、彼女はすこぶる明るい。

「景気が悪いって、言い訳かも」と彼女。仲間には、女性でも手取りで月に50万円稼ぐ人もいるとか。自分は休憩を取りつつ働くので売り上げは上がらない、と苦笑い。「気持ちにゆとりがなくなって運転するのはイヤだし、自分は集中力がそれほど長く続かないから」という運転手さんは、「今や宝くじ頼みですよ」とほがらかに笑う。

「お金があったら、もっと心にゆとりをもてるかも」と言う運転手さんだが、私にはもう十分、彼女は心のゆとりをもっているように見えた。苦境を不況のせいにせず、売り上げのいい同僚をねたまず、自分のペースで仕事をしている。なにより、明るい。

そこで、運転手さんにハーバード大の研究報告「宝くじが当たっても幸せ感は続かない」をお話しした。大金が当たっても幸せ感は少しずつ目減りし、1年後には普通よりちょっと幸せ程度に減ってしまうとの報告だ。

「そんなもんですかねえ。でも一瞬、当たったあ、と有頂天になりたいですよね」

それは同感。でもね、アメリカの経済誌『フォーブス』の長者番付に載るような人は、決して精神的に幸せではなく、心にゆとりがないという調査もあるのだ。

嘆かず明るく、自分のペースできちんと生きている人がいる。そうした人と触れ合うと、心がふっとなごむ。日本のどこかに、そんな人たちがたくさんいるのだろうなと思うだけで、救われる。

⁂

コロナ禍の間は閑散としていたショッピングセンターのレストランの前に、長い行列ができていた。談笑しながら並んでいる人々を見るとコロナ禍があったのがうそのようだ。

お正月はステイホームで、故郷に帰るのはしばらく控えて、と耳にしていた頃から、まださほど月日はたっていないけれど、もうはるか昔のような気持ちになってきたりする。

つらい記憶は心に残しておきたくはない。嫌なことはなるべく早く忘れるのは心を守るために必要な防御手段だ。ただ、つらい経験で気がついたことを忘れてしまいがちなのは問題かもしれない。

コロナ禍の間、毎日健康で過ごすことの大事さを痛感した方も多いに違いない。遠く離れた家族と早く会えるようになりたい、親しい人と食事したいと思ったに違いない。

「自由に行動できる」という、それまで当たり前と感じていたことができない不便さが長く続いたが、自由に行動ができるようになった今、気持ちはどう変化しただろう。

外食も里帰りも、すでに「当たり前」のことになってしまった方もいるかもしれない。

冬休みの前に図書館で本を借りた。普段あまり読まないジャンルの本と一緒にアンデルセンの童話も借りた。以前からアンデルセンの童話は子ども向きというより大人に向けてのメッセージを感じていて、今回も再度確認してみようと思ったのだ。

人魚姫など懐かしいお話が並ぶ中に「もみの木」というタイトルの話があった。小さなもみの木が森の中で育っている。まわりは多くの木々があり気持ちのいい風が吹き抜け鳥たちがさえずっている。

平和で恵まれた暮らしだが、小さなもみの木は不満だらけだ。自分の背丈が小さいのが嫌で早く大きくなりたいと思っているし、小さいから軽く見られているのだと、他の木がうらやましくてたまらない。不満がいっぱいだから風の心地よさも鳥のさえずりも楽しめない。ただ早く大きくなりたいと思うばかりなのだ。

ところが、大きくなるともみの木は切り倒されてしまうしかない。大きく立派に成長したもみの木は、ある日切り倒されてクリスマスツリー用に売られてしまう。体中に装飾を巻き付けられて美しく飾りたてられたものの熱くてたまらない。

こんなはずではなかったのに、と思いながら最期を迎えるもみの木の話は強烈なメッセージを伝えている。自分が持っているものに気がつかずそれを楽しめないことは不幸だ、と。

持っているものはすぐに当たり前になってしまう私たちだが、今一度その大事さを思い返すと気持ちは変わるだろう。

健康だろうが病気だろうが、今、生きていて今日を迎えられたこと、今自由に外出ができ人と会える自由があること、当たり前だけどやはりうれしいな、そう思える年にしたい。

自分の持っているものにいつも目を向けるのは難しいけれど、ときどきちょっと気にしてみると、心のゆとりが生まれると思う。

4　初心者であること

毎年、春から夏まではゆっくりと時が過ぎるのに、夏を過ぎると月日が次第に早足になり、秋の記憶がないまま冬に突入して、あっという間に暮れがやってくるような印象がある。みなさんはいかがでしょうか。

ジャズのスタンダードナンバーに「セプテンバー・ソング」という曲があり、たしかそんな内容の歌詞だったと思う。この現象、何かに近いなあと考えてみたら、人生とよく似ていることに気づいた。

子供のころは、早く大人になりたいと思うのになかなか時がたたず、30歳を過ぎると人生は早足になり、40歳のころの記憶はさだかではなく、気がつくとすでに老年にさしかかる、という感じだろうか。

楽しいことが多いと時はあっという間に過ぎるもの。では、子供のころが楽しくなくて、壮年期が楽しいかというと、そうとばかりは言えない。

別の見方によれば、初体験のイベントが多いと、時がゆっくり過ぎるような印象をもつのだそうである。30歳を過ぎると、はじめてのことが少なくなる。いわゆる「慣れ」の感覚のおかげで、時がさっと過ぎる感じになるらしい。

仕事でも私生活でも、すべての分野で年をとると、「はじめて味わうドキドキ感」がなくなってくるものだ。年齢による落ち着きは、こんなところから生じるのかもしれないが、ちょっとさみしい気もする。

一年にひとつずつ「新しくはじめる何か」を加えれば、つねに初心者でいられる。

私自身は昨年（二〇一〇年）、文科省の科学研究費を獲得したので、がんの知識や予防行動と経済格差、精神的満足度格差のかかわりについての研究や、ツイッターなど新しい通信手段が心に与える影響に関する研究をスタートした。ゆっくりじっくり、ドキドキ感を味わいながら過ごしたいものである。

タクシーに乗ったら、運転席のナビゲーターの傍らに写真が置いてあるのに気がついた。その写真には、幼い男の子がふたり仲良く笑いながら肩を寄せ合っていた。

運転手さんの髪の色を見て、写真の男の子たちはお孫さんかな、と思って、「かわいいですね」と声をかけた。運転手さんは軽くほほ笑んで、「息子たちなんです」と答えた後、「この仕事を始めた時に撮った写真なんです」と言葉を続けた。

初心を忘れたくないから写真をいつも仕事の時に運転席近くに置くのだという。「上の子は今年大学を出て下の子はもう高校生です」

窓の外の風景を見ながら、とてもいい気持ちを分けてもらったことがうれしく、こんなふうに仕事をしている人がいると知ってほしいと思った。

今の社会で毎日こんなふうに思いながら仕事をしている人はごくわずかなのではないか。年に1回、年の初めに「初心を大事にしよう」などと思ってもすぐ忘れてしまうものだ。

業務が滞りなくできるようになると、それを始めたころの苦労は忘れてしまいがちだ。なかなかうまくできなくて、つらい思いをしたこともあったはずだが、最初からできたような気分になったりする。すると、できない人や初心者を攻撃したり、鈍い、と非難したりしたくなる。それが職場や家族内のトラブルの要因になるものだが、すでにベテランで職人の域に達している人に初心者当時のことを思い出せといっても、なかなか無理な話かもしれない。すでに何十年も仕事をしていると、昔のことは記憶の中で薄れていることも多いだろう。

私自身も40年以上医師をしているので研修医時代は遠い過去になっていて、あまりに未熟で自信もなく、逆に初心に戻ったらまずいような気になるので、別の方法で初心を取り戻すことにしている。

自分が専門分野にしていることと離れた専門分野の論文を読んだり、講義を聴いたりする。完全に初心者としての体験をしていくことが新鮮で、その学びが自分の専門分野に新しい視点を加えることもできたりする。また、私は音楽の仕事もしていてもう20年以上になるが、ジャズの分野ではない演奏家の話を聞いたりして違う分野の初心者になってみる。

初心者や初心で取り組む人のいいところは何だろう。それは生き生きと真剣に情熱をもって取り組む、ということではないかと思う。

　時々政治家が不祥事などで取材を受けた報道を見た直後、その政治家の初当選当時の初々しい姿が映し出されると、残念で複雑な気持ちになってしまう。だれでもみな、その仕事に取り組みだしたころは、生き生きとしているものなのだ。変えてしまうのは年月ではない。年月とは違う怪物にのみ込まれないように気を付けないと、と自分に言い聞かせた。

❧

　才能があったらどんなに幸せだろう。お金があれば一生幸せなのに。と思うものだが、そうではないらしい。

　マイケル・ジャクソンさんの死で、それを強く感じた方も多いのではないか。亡くなってしばらくたつが、アメリカではいまだにそのショックが強いようだ。ニューヨークに住むミュージシャンの友人が、知人のジャズボーカリストのライブに出かけたら、予定を変更してマイケルのナンバーを演奏して盛り上がっていたと話してくれた。

以前も書いたが、人は宝くじで数億円当たっても、その幸せに慣れ、お金があるのが当たり前になる。そして、満足度、幸せ度は目減りしてしまうというデータがある。達成感というのは一瞬のもので持続しない。すぐに、もっともっともっと欲望が増えていく。

世界を巻きこむ大ヒットを放ってしまい、かなえられないような目標を達成できたら次の目標をどこへ置いたらいいのか。マイケルさんの場合も、その目標を設定できず、心の中に膨れ上がった不安と焦燥をまぎらわすための浪費や薬だったのだろうか。

人間は達成感で幸せになるのではない。目標に向かって少しずつ登る努力のプロセスに幸せを感じるのだ。

5　凛と年をとる

若いころ、「まだお若いですからね」という理由で、なにかとやりにくいことが多かった。

十分もうお若くなくなって、さてこれからと思ったら、「もう年じゃないですか」などと言われそうだ。そんな思いをなさっている50代、60代の方も多いのではないだろうか。

最近、「若くないといけない」というようなムードが日本全体を覆っている。かつては、経験不足を理由に若さが一律に退けられたと思ったら、今度は正反対に、年寄りは早々に引退しろという世論にシフトした。相変わらず、日本に特徴的な直線的な思考回路にはまっている。

能力不足の年輩者が、ただ単に組織の中での年功序列で若手を阻むのは弊害だ。しかし、すべての年輩者を「ただ年だから」という理由で拒むのは、「若いから」という理由で能力ある若年を拒否するのと同じ思考回路の産物だ。そのことに気づく必要がある。

組織で生きてきたかどうかとは別に、自分の技術、知恵を生かして年を重ねてきた方の中には、年だからといって引退してほしくない方が多い。

医師の日野原重明先生はいうまでもないが、有名でなくとも地道ないい研究を重ねてきた学者は多く、そうした方にはできうる限り研究や後輩の指導を続けてほしいのに、「年輩者一律引退」ムードで厳しい状況だ。

やめることが潔いような雰囲気になっているが、人間国宝の方はほぼみな高齢だ。「多様性」という言葉があるが、日本では本音のところで実行できない。一律な年寄り引退説でなく、熟練した年輩者が活躍できる場をなくさないでほしい。若くなければできないこともあるが、年をとらねばできないことももっとたくさんある。

能力不足という理由でなく、年だから、という理由で人を決めつけレッテルをはるのをやめ、より柔軟な思考をすることが必要だろう。

「若いから」「年だから」という理由で、その人のもつ資質を活かせないのは残念だ。そして何より自分の中で「もう年だから」と思ってしまうのは、自分の能力にふたをすることになる。そうしたレッテルを一度はずしてみると見えるものが変わってくる。

❧

猛暑の日が続いたかと思うと急に風がひんやりする日があったりして、季節が確実に進んでいくことを実感する。あんなに暑かったのがうそのような感じだ。自然のリズムはすごいなあ、と思うのはそんなときだ。季節が進むのを止められないように、人の変化も自然のリズムに逆らえない。

最近、年齢の壁という言葉をよく聞くようになった。70歳の壁、80歳の壁などというテーマが雑誌の特集になったりしている。年齢の壁というのは多少の個人差はあっても逆らえないものがある。思春期になる年齢や更年期になる年齢は共通しており、120年以上生きる人はまずいないから年齢の壁というのは存在する。ただ、壁には、こうした自然のリズムでできたものとは別のものがある。

それは私たちの心が作りだした「壁」で、どちらかというとこうした壁の方が私たちを支配していて、それに縛られている人が多いなあ、と思うことがしばしばだ。

例えば、「もう年ですから動くと疲れやすくなって」といって活動を少なくしている方がいるが、人間ドックなどの検査の数値には問題がなく体力が低下している兆候もない。お話を聞くと「年齢」に対して強いこだわりがあり、自分の暦年齢の数字に強く縛られていることがある。

年齢の数字は確かに、私たちの心にステレオタイプのイメージの壁を作るように思える。テレビのコマーシャルを見ていても、高齢者の体形や動き、生活の様子はパターン化したものが多い。そのパターンに無意識に合わせようとしてしまうこともあるだろう。

自然のリズムには逆らえない。だが自分で作りだした年齢の壁にとらわれて「もう年だから」「いまさら」と思って自分の可能性を捨ててしまうのはもったいないことだと思う。

逆にまだまだ若いといって、自然のリズムを否定するのも、年齢にこだわり縛られているともいえる。

年齢が進むと体調の不具合が出たり、眠りが浅くなったり、目や耳などの感覚器官が衰えたりする。筋力も低下してくる。若いころのようにいつも絶好調というわけにはいかない。ただどんなに体調が悪くなっても、たとえ病気になっても、生きている限り残された可能性はある。

秋になったら夏と同じことはできないし、同じ服装で過ごせない。季節に合わせた服を着てその季節でできることを見つけていく。それと同じように、自分の季節に合わせできることを見つけて過ごすのが、心地よい生き方になるのだろう。

雨が続いてもちょっとした晴れ間を見つけてできることがある。体調が悪くても少しいいかな、と思う時間を見つけて自分にあったことをするのが「壁」にとらわれない過ごし方なのでは。無理に年寄りにならなくてもいいし、無理に若いふりをしなくてもいい。自分の季節を生きたいものだ。

心が満たされていないとき、人は何をするだろうか。他人のうわさ話である。悪口とうわさ話は蜜の味。生活に方向性がないとき、心を集中できるものがないとき、他人のうわさ話で紛らわすと、自分の抱える問題から目を背けられる。

うわさ話で盛り上がっている人は、「私は心が空虚です」と宣言しているようなもの。私は心の衛生上、あるときから「うわさ話に近づかない」というルールをつくって実行している。うわさ話はせず、聞かず、うわさ話の集まりからはそっと離れるのだ。すると、うわさ話で一瞬盛り上がった後のイヤな感じを味わうこともない。

しかし、うわさ話でつながっている関係というのもある。

その共通の話題がないと、仲間に入れないコミュニティーも存在する。仲間はずれが怖くてうわさ話の輪に入るのは、本来は大人のすることではない。そんな仲間には、危うい連帯しかない。

さて、うわさ話を共通の話題としてつながるのは、個人だけではない。このところ、報道という名を借りて、単なるうわさ話だけのマスメディアが何と多いことか。

タレントや政治家のゴシップや悪口の数々、事件の核心ではなく他人の不幸をのぞき見するような見出し。良識的といわれていたはずの週刊誌の広告を新聞で見るだけで、何かヘンだ、と感じることが多い。

うわさ話の多さは、それだけそういう話を好む人がいることを意味する。となると、怖い現象だ。「正義」についての講義で知られるハーバード大のサンデル教授は、「大衆の関心をあおるタブロイド紙的報道」は本質的な問題から目をそらせると語っている。

一人一人がうわさ話から遠ざかると、社会は変化する。年をとったら、残り時間を大事に使いたい。最もムダなのは、うわさ話と悪口に費やす時間、うわさ話は時間どろぼうだ。

⁂

私は、4月1日が誕生日だ。今は誕生日を聞かれ、答えたとき、時々笑いが漏れることがあるくらいでたいした支障はないのだが、子どものころは、誕生日が結構問題だった。

最大の問題は、4月1日までは、いわゆる早生まれとされて、遅生まれの子どもより早く小学校に入学することから生じるさまざまな不都合なのだった。

私は背が低いことも加わり、小学校時代は周りの同級生たちと比べると体力も器用さも対人関係もすべてで「出遅れた」感じがしていた。何となく幼くてその雰囲気は大学に入ってからも続いた。大学に入学した時は、数年浪人を経てきた同級生はすでに20歳を超え成人している人が多く、難解な哲学書などを読んで議論を戦わせているから、ここでも「何となく妹分」的な気分だった。

同級生の中では一番若いのでいつも「純子ちゃん」と呼ばれていたから、卒業してもそうした妹気分というような意識があり、いいか悪いかは別としてそれが続いていた。

ところが、年々、一緒に仕事をする相手が若くなってきた。学生のご両親の年齢もどんどん若くなってどうしたのだろうと思ったら、相手が若くなったのではなく自分が年をとってきたのだ、と当たり前のことに気がついて苦笑いした。

同世代で一緒に仕事をした仲間が定年で退職したり、後輩から定年のあいさつ状をもらったりして、さすがにぎょっとすることが増えた。今、仕事を一緒にしている人たちの中で私は最年長のグループに属している。ただ関係性は横のつながりなので、仲間は私を「純子姐さん」と呼ぶ。お姉さんではなく、姐さんだ。

その呼ばれ方はとても気に入っていて、改めて人は呼ばれる名前の人になるのだなあと思う。お母さんと呼ばれることで母親の自覚ができたり社長と呼ばれることでその自覚ができたりするのかもしれない。

私は診療や講演以外で「先生」と呼ばれるのは嫌いで、相手は敬称のつもりでそう呼ぶのかもしれないが、特にライブ会場でそう声をかけられると当惑してしまう。そう呼ばれると気分は「医師」のほうに追いやられるからだ。どう呼ばれても自分の中身は変わるわけはないのに、である。どう呼ばれるかは自分の意識に影響するのだ。

呼ばれ方は、レッテルの一種かもしれない。「先生」と呼ばれれば先生のレッテルが貼られた気分になる。「おばさん」「おばあちゃん」と呼ばれればそのレッテルが貼られることになるから、怖い。

妻をどう呼ぶか、夫をどう呼ぶか子どもをどう呼ぶか、なども考えるとさまざまな心理が浮かび上がる。意識することなくその人を呼んでいる呼び方や何気なく応じているその呼ばれ方が、意識に影響していることがある。自分がその時そうありたいと思う呼ばれ方をするのが、一番しっくりした気分になれるのだろう。

✤

年を取るにつれて人生の〆切を考えるようになった。

過ぎた年月よりこれからの年月のほうが明らかに短くなったのを意識すると、行動は変化する。ひとつひとつの仕事を丁寧に心を込めてする。人にどう思われるかばかりを気にしない。人とのかかわりを大切にする。

〆切を意識すると、時間の密度は増加する。残された時間が少なくなったら時間の質を高めたい。

若くて元気でまだまだ時間はたっぷりあると思うと無為な時を過ごすものだが、先が短いと感じた途端、人生の味わいは増すように感じる。

生まれてからの10年、55歳過ぎてからの10年は、その一年一年が大きく変化する時期だ。急速に体が成長する10歳までと、急速に衰えていく年代は、心も戸惑うことが多い。喪失感に戸惑う時には時間の質を高め、日々を大切に生きようと心に決めたいもの。

失われつつある若さや体力を嘆くより、若くてはできないことに目を向けたいものである。若くてはできないこと、若いころはできなかったことをみつけると、「あ、年をとるのも悪くないな」と思ったりする。

Ⅱ　心の柔軟性を保つ

1　不調を受け入れる

体調も気力もいつも一定で、調子が良くなくちゃイヤだ、と思い込んでいる人が多くて驚くことがある。ちょっとだるかったり、やる気がないことがあると、

「私ってなんてダメなんだ」

とイライラして、自分を責めたり他人にあたったり。1日や2日、そんな日もあるなあ、くらいでやり直せばどうということもないはず。ところが、その1日をダメだ、ダメだ、といら立って過ごしたことが余計にストレスになってしまい、本格的に体調を崩したり落ち込んだりする。

人間は自然の中の生き物だということを自覚してほしい、と思う。機械ではない、パソコンではないのだ。スイッチを入れれば、いつも一定に動くというわけにはいかない。自然の中では、お天気だって晴れだったり雨だったりする。

体も心もそれと同様、絶好調もあれば今ひとつ、というときもある。無理に晴

れを続かせようとするより、雨降りなら雨降りの日にぴったりのことをするのが、自然との上手な付き合い方。自分の体や心とのお付き合いも同様だ。

無理して好調を続けようとするより（そもそも、そんなこと不可能だが）、不調のときは、不調なりにできることを探していると納得がいくはずだ。

そんなことをしていたら仕事にならない、などとぼやく前にもう一工夫してほしい。体調の悪い日に、嫌々ながらする仕事の質はどうしたって良くない。それより、じっと雨をやり過ごした後の晴れの日、好調の日は、ずっと充実して過ごせるはず。

いつも好調に見える元気な人にも、不調のときは必ずあるはずだ。私自身は体調が悪い日の方が、調子の悪い人の気持ちに共感できたりする。年をとるにつれ「絶好調」の日も少なくなるが、逆にそれだけ「好調」な日を大事に過ごせるようになる。

「私だけが調子悪い」と思うのは禁物。元気に見える人は不調なときを受け入れ、それを上手に活用するのがうまいだけなのだ。

2　弱点に向き合う

Aさんは子供のころから引っ込み思案で、人と話すのが苦手なたちだという。親しくなってしまえば問題ないのだが、初対面の人と話すときは緊張して、何を話題にしようかと考え込んでしまうのだ。

だから、社内で誰とでもすぐに親しく話ができる同僚を見ると、本当にうらやましくてたまらない。明るくて朗らかな人っていいなあ、と思っているAさんである。

自分は人前でオープンになれないのが欠点だし、自分の意見をどんどん話せないのも良くない、と感じている方は意外に多いのではないだろうか。しかし、弱点と思っていることが、ある場面では長所になることもあるし、逆に長所と思っていることが弱点になることもある。

たとえば、自分の意見をなかなか主張できない傾向を持つ人は、人の話を聞く、という長所をもつことがある。それに、人を受け入れるゆとりももつものである。明るくて朗らかな傾向の人は、周囲を気分良くさせてくれるものだが、自分が明るいたちなので、引っ込み思案な人のつらさがわからない、ということもある。要は、これが長所、これが欠点、などと簡単に決めつけられない、ということなのだろう。

自分の弱点と思って気づいている性格の傾向を、いいところに変えられたら、すてきなことである。引っ込み思案で人前で話すことが苦手な人は、まず相手の話をじっくり聞くことからはじめると良いだろう。自分の心の中に生まれた興味や疑問を相手に問いかけてみることで、会話に発展し、良いコミュニケーションができる。他人のちょっとした言葉で傷つく人は、言葉に対しての注意がゆき届くので他人を傷つける言葉を使わないようになるという強みをもつ。

弱点だと自分で気づく部分をもっている人は、同じような傾向をもつ人のつらさを理解できるという強みももっている。

「私ってダメな人なの」と自分の性格を決めつけないでほしい。弱点に気づく人は、それを活かす方法をみつけていくと、自己肯定感が生まれるはずだ。

Bさんは会議で発表するのが苦手である。なるべくそうした機会がないように人にゆずってきたのだが、どうしても自分がやらなくてはならない場合、ずい分前から具合が悪く憂うつになってしまう。当日は朝から緊張し、睡眠不足で胃の調子もすぐれない。その場がやってくると、手は震え、声はうわずり、汗でびっしょりになってしまう。安定剤なども服用してはみたが、眠くなったりして具合が良くないという。

人前で緊張したり、あがったりして悩んでいる方は多いと思う。きちんとやらなくてはと思ったり、へんだと思われてはならぬ、と考えはじめると、余計にひどくなるものだ。

原因としてよくいわれるのは「完璧主義」だ。きちんと失敗せずにやらねばという責任感と完璧思考が緊張を生むというものである。しかし、そればかりではないように思う。ちゃんとやらなくてはというプレッシャーがなく、「ただ終わればいい」と思っていても、うまくいかず緊張した経験はないだろうか。

私はその原因は、「非日常性」にあると考えている。

人間は日常的なものに対しては緊張しない。慣れているからである。しかし慣れていないものに対しては不安になったり、緊張したりする。それは生きものとしての人間の当然の生理反応である。はじめての場所に行くとき、緊張せずにリラックスしていたら危険この上ない。緊張は、身を安全に守るために必要な交感神経の働きによるものである。慣れないことをするには、どの程度の気配りをし、どの程度緊張が必要かを体験することにより、はじめて体が覚えてくれる。

この体験を軽視し、避ける傾向が最近強い。だから緊張が治らない。非日常を日常としてとらえられるようにすることが大切で、そのためには会議や人前で話す機会を避けずにやってみることだ。特別なことでなくなったとき、はじめてリラックスできるようになる。

失敗したり恥ずかしい思いをさんざんしたことほど、上達もするものだ。「苦手」「失敗したくない」と逃げていると克服できない。何度もトライしているうちに必ず慣れてくるはずだ。

3　心のサインに気づく

最近街で、「不機嫌で怒りっぽい人」を見かけることが多い。

不機嫌な顔をして、ちょっと肩がぶつかっただけで大声で怒り出したり、のろい車に向かってクラクションを鳴らしたり。

ささいなことでいきなりキレる人の事件も多発して、「我慢できない人が増えた」などと言われているが、いきなりキレるのは、「我慢できない」というより、心の中に怒りをため込んでしまったために、ちょっとしたことで爆発する、とみた方がよい。

「怒る」という感情は良くないことのように思われているが、泣いたり笑ったりと同様、人間の自然な感情のひとつである。

しかし、怒りを表現することはおろか、怒りを感じることすら「悪いこと」と思い込んでいるために、怒りを抑え込んで、怒ってないふりをしながら生きている人が多い。すると心の中に怒りの感情がたまり、うっ憤でいっぱいになってしまうのである。そしてこれがこうじて、大爆発する。

怒りを爆発させないためには、小さな怒りを感じたとき、それをため込まずきちんと感情のお掃除をしておくことが大切。体は表現の場でもある。カッとしたら、とりあえず外に出て、歩く、走る、などしてみるとすっきりする。ダンスをしたり、走ったり、泳いだり、ボイス・トレーニングをしたりと体を使って怒りを浄化、人の迷惑にならないようにレンタル・スタジオで歌を歌ったりするのも良し。人に向かってうっ憤を晴らすのではなく、自分にあった「体」を使う怒りのお掃除をぜひ。

*

日本の社会は、お酒がらみのお付き合いや仕事もまだまだ多いようだ。そのせいか、お酒には甘い。

お酒くらいやらなきゃ一人前じゃない、男じゃないという時代が長かったせい

もあるだろうが、お酒の強さはむろん、男らしさなどとは無関係。単にアルコー

ルを分解する酵素があるか否かという問題で、飲めないお酒を無理して飲むのは

ナンセンスなのである。

　ところで、お酒を飲むとガラリと性格が変わってしまう人がいる。が、それは、

その人が本来もっている性格が、アルコールで抑圧が外れて表面に出てきたとい

うことである。人間は、社会の中で、ある役割を果たし、適応するために仮面を

付ける。「らしく」していないと仕事にならないからだ。

　仮面を付けて役割を演じることは、社会生活を営む上で必要なことである。一

方、仕事を離れたとき、プライベートなときには、その役割を離れて自分のあり

のままの感情になるひとときが必要だ。

　ところが、中には役割と自分が一体化しすぎて、仮面を外せない人がいる。

様々なありのままの感情を抑え続け、なかったことにしていると、アルコール

で抑圧が外れると一気に隠されていたものが出現する。聖人君子の紳士が突然暴

力男に変わるのは、普段、自分の怒りやうっ憤を抑え込んでいるからである。

　お酒を飲まなきゃやってられない、という人は普段抑え込んだ感情がたまって

吐き出さずにはいられない状況になっていると認識してほしい。

アルコールは、心の健康をチェックするバロメーターのひとつ。グラス1杯のワインで幸せな気分になり、ちょっと陽気になって満足できるのがヘルシーなお酒。飲まずにはいられず、愚痴っぽくなるのは心の中に感情をため込み、お酒に依存しているサインでもある。

コロナ禍の時リモートワークがつづいてストレスがたまり、家飲みでアルコール依存になった男性もいた。ふだんは仕事でストレスをためこんでいた方だった。飲まずにはいられない、アルコールが家にないと、夜でもコンビニに買いに行くようなときは要注意。アルコールの量は心のバロメーターといえる。

4　うつ病についての誤解

うつ病で休職し、復帰したものの2週間で再び体調が悪くなり、休むことになったCさんは、

「今度はいつ会社に出ればいいのだろう」

と不安を感じている。Cさんの会社ではいったん休職して復帰する場合、様子をみて軽い仕事からスタートする。勤務も半日や短時間など体調をみながら少しずつ増やすなど選択肢がある。しかし、それでもうまくいかずに再び休職したときは、そうした体制で仕事ができなくなるのだという。

「十分に休養して、今度出てくるときは病気をきちんと治し、休んだり出社したりを繰り返さないように」

と言われたCさんは、休みながらも不安なのだ。今度うまくいかなかったら、もう退社に追い込まれるかも、と思ってしまう。仕事を失ったら親に合わせる顔

がない、と罪悪感を抱いてしまう。

　うつ病で休職したとき、復帰のタイミングは難しい。外科の病気などと異なり、うつ病はグラフの直線のような右肩上がりの回復はしない。少し良くなってはまた少し後退するような波形の回復をする。ちょっと良くなってすぐに復帰すると、再び悪くなってがっかりということがあるのはこのためである。

　そんなとき、自分はもうダメだ、と投げやりにならないことが大切。ちょっと良くなっては後戻りするような感じで良くなっていくことを知ってほしい。周囲もこのような回復をしている人に対して、あの人はもう復帰できないかも、などという見方をしないことが必要だろう。

　休職中に先のことを考えて落ち込んだり、今度はうまくいくだろうか、と不安になりながら過ごすのは、うつ病にとって極めて良くないことである。

　社内、とくに上司がうつ病に対して正しい知識をもってくれたら、うつ病休職後の復帰はよりスムーズになるだろう。

うつ病に対する認識が一般の方にも広まってきたが、それでもまだ、ほとんどの方がうつ病は大人がかかるものと思っているのではないだろうか。しかしそうではない。

欧米では80年代から子供のうつ病が注目されており、わが国でも、うつ病を発症している人が小学生で1・6％、中学生で4・6％という近年の調査（北海道大学医学部）がある。子供のうつ病が増えているにもかかわらず、不登校とされていることが多いのは、子供とかかわる教師や学校医の方々の間に、子供のうつ病という認識がないからだろうといわれている。

子供は自分の感情を言葉で表現できず、気持ちが落ち込む。うつだと言ってくれない。イライラしたり、怒りっぽくなる、という表現をすることが多いので、大人はそれをうつと認識することがむつかしい。

それでは一体どうやって、子供のうつを早期にみつけ、不登校との違いに気づければいいのだろう。ひとつには、うつ病の場合は集中力が低下し、興味をもつものがなくなり、面白いと感じられなくなることが特徴である。

部屋にこもっていてもパソコンやゲームをしない。漫画やテレビを見なくなる。不登校の場合は部屋で好きなことをやっていたりするが、うつ病になると遊びがなくなる。

またうつ病には日内変動があり、朝は調子が悪く、夕方よくなるという波があることが多い。第三に子供の場合、頭が痛いとか、お腹が痛むとかの身体症状として、うつがあらわれることもある。

子供もいつも元気ではない。しかし、不調が2週間以上続き、前述のようなサインがあったら、病院で受診してほしい。

それにしても、自然と触れ合い、心から笑い、体を存分に動かす環境は、うつの予防に役立つはず。夏休みなどにはぜひ、そんな時間をたっぷりつくってほしいものだ。太陽の光の中のバイオレットライトという波長の光は、うつの予防に役立つ可能性が高いとされている。気候のいい日には、戸外で体を動かすひときをつくることが子どもも大人も心の健康に役立つといえる。

２００６年に「自殺対策基本法」が成立して以来、都道府県は、心のケアや対策事業に力を入れるようになった。私も、関連の講演会で話をする機会がある。聴衆の方々とお話ししていると、意外と自殺に対する誤解が多いと気づき、驚く。

たとえば、よく言われるのは「死ぬ死ぬと言っている人は自殺などしない」というもの。これは誤解なのだ。自殺する人は、その前に言葉や行動のサインを出している。「自分なんていない方がいい」「消えてしまいたい」「死にたい」は言葉によるサインである。軽く見てはいけない。また、始終ケガをしたり、事故を起こしたりするのも要注意である。慢性疾患のある人が薬を飲まなくなったり、治療をしなくなるなど、「身を守る行動」ができなくなるのがサインという場合もある。

中高年から高齢層で気をつけたいのは、「喪失感」だ。職や財産など、その人にとって大切なものを失ったとき、身近で大切な人を亡くしたとき、さらに、身体機能が低下して今までならできたことができなくなったときにも注意が必要である。喪失感と共にうつ状態に陥り、自殺へとつながるケースも多い。

自殺は突発的に起こるから予測できない、というのも誤解のひとつ。とはいえ、身近にいる家族だけで事前のサインをキャッチできるかというと、難しい場合もある。職場、地方自治体、医療機関、友人、近所など、さまざまなコミュニティーがそれぞれ自殺に関する知識をもち、サポートできるシステムをもっていないと予防できないだろう。残された家族だけが、「家族なのになぜ気づかなかったのか」などと責められて、二重三重に傷つく例も少なくない。

「自分なんていなくても世界は変わらない」とつぶやかれたら、「あなたがいない世界に変わってしまう」と答えてほしい。

5　よりそうということ

ハワイで講演会をしたとき、参加者のお一人がこんな話をされた。彼女は、現地のコミュニティーカレッジでお花のアレンジメントの先生をされている。生徒の一人、ごく普通に楽しく作品をつくる女性が、長い間、心のバランスを崩してカウンセリングに通っていたことをつい最近知り、驚いたという。

知ったのは、全くの偶然。彼女の教室に、生徒さんが通っていた先のカウンセラーも習いに来ていた。それで、生徒さんとカウンセラーが、ばったり出会ったとか。実はその生徒さん、カウンセリングに行ってもあまりおもわしくないので通うのをやめ、コミュニティーカレッジでお花を習いはじめたらしい。そして心の不調から脱却したのだ。

もうひとつ。この先生は、老人介護施設でも、ボランティアでフラワーアレンジメントを教えている。認知症で最初はまったく反応がないお年寄りが、少しずつ変わり、このごろは彼女が顔を見せると「お花、お花」と言うという。

この先生の質問は、「お花を生けることが、これほど心に影響を与えるとは思わず、びっくり。今後、どんな心構えで教えればいいでしょう?」。私は、あまり構えずに楽しい時を共有してくださいと申し上げた。

心の不調は、「構えた」医療だけでは治せないことも多い。お花が心に効くから花を生ければいい、ではない。これらのケースでは、のびのびと自分の心を表現できる場を提供し、自己表現の手伝いを無心にされた、先生の資質が大事だった。

認知症のお年寄りも、お花の香りや色、そして自分に向けられる温かい言葉や思いに反応するようになったのだろう。何を食べればいい、何をすればいい、という表面的な処方を目にするこのごろ。何をするかと同時に、「いかに」するかにも目を向けてほしい。

最近、政治家やテレビ番組の司会者が「寄り添っていきましょう」と発言して締めくくるのを耳にするのだが、その言葉だけが独り歩きしているような感じがしてならない。

あっさりと言われるが、寄り添うことは簡単なことではない。寄り添うつもりでいても、された人が逆に迷惑な感じがしたり、不快な思いをしたりしていることもある。ただ「寄り添うつもり」の相手に悪気はないだろうと思うので、迷惑に感じていることを伝えにくいのである。

病気にかかったり大事な人を亡くしたり、災害にあって痛みを抱えたりしている方の話を聞くと、寄り添うつもりの、人の上から目線が気になることもあるという。「私も同じような経験がある」といって励ます人がいるが、苦しんでいる人にはその経験が同じとはとても思えない。

あなたのつらさはわかります、と言われても、大して話をしたこともないのにそんなに簡単にわかったようなことを言わないでほしいと思うこともあるという。

悲しくて涙を流したら、横からティッシュペーパーを手渡されたのだが、渡してくれるときに相手の上から目線が嫌だった、ということを聞いた。かわいそうな人にティッシュを渡す自分の行為に自己満足している雰囲気を感じたという。

もちろん心から自分の悲しみに共感してくれたり、無心で思わず差し出すティッシュの場合は、その気持ちに感謝するのだが、形だけの寄り添いには拒否反応が出てしまう。痛みを抱える人は非常に敏感に相手の気持ちの中にある本質を感じ取り、相手の心の中にある上から目線を感じ取るものだ。

相手の苦しい状況を見て「自分ではなくてよかった」「自分ならとても乗り越えられない」などと思ったりしがちだが、これも痛みを抱えた人にはつらい。相手の不幸を見て自分の幸せを実感しようとする人などもいるが、言語道断といえるだろう。寄り添うつもりで、何度もメールや電話をするのも相手には迷惑なこともある。しばらく誰とも話したくないというときもあるからだ。逆に誰かと話したいというときもあるので、そうした気持ちを想像したり共感できたりする人が本当に「寄り添う」支援をしている人だと思う。これは易しいことではない。

多くの人が、相手がしてほしいことではなく、自分がしてあげたいことをしがちで、これが問題だろう。余計なことはせず一緒に歩むということが寄り添うことだと思うけれど、私たちはついやりすぎてしまったりする。

相手の痛みを早く軽くしたくてつい余計な教訓めいた一言を言ってしまうのも要注意だろう。寄り添うことを理解するには、自分自身が痛みを経験したとき、どのように接してほしかったかを思い出すことが一番だ。そのとき心を温めてくれた思いが寄り添いなのだと思う。

❧

我が家の同居猫のふーちゃんは、2023年1月で16歳になる。猫は1歳で成猫になり、以後は1年で4歳ずつ年をとるのだという。計算すると人間でいえば80歳ぐらいだろうか。

16年一緒に暮らすというのは、かなりの年月なのだが、この間猫とけんかしたりコミュニケーション不全になったりしたことは一度もない。怒りを感じたこともない。これはすごいことだと思う。しかもとくに何か特別気をつかった記憶はないし、猫の方も気をつかっているとは思えないのもすごい。人と人の関係ではほとんどあり得ないのではないだろうか。

その理由は何だろうと考えた。思い浮かんだのが、ジャズのスタンダードの「降っても晴れても」という曲の一節だ。レイ・チャールズのボーカルで広く知られている曲だ。

「降っても晴れても」というのは人生の晴れや雨を指している。物事がうまくいかないときも、経済的に苦しいときも、いつもあなたと一緒にいるよ、という歌詞だ。

言葉でいうのは簡単だ。だが、いざ実行となると、そうはいかない。うまくいかないとつい相手を責めたり、努力不足だとなじったりする。経済的に苦境に陥るとパートナーを非難したり、稼ぎがないと不満をぶつけたりしてけんかになる。

猫との関係には、そうしたことがない。体調が悪いときはそっとそばにいてくれるし、うまくいかないときも責めたりしない。寄り添う、というのはそういうことなんだと思う。ごく自然に接してくれる。お金があろうとなかろうと、年をとろうと病気になろうと、同居する人との関係が変化することはない。

この数年、空前の猫ブームだが、それは普段の生活で「寄り添ってくれる」相手、「寄り添いたい」という気持ちになる相手が少なくなったりいなくなったりしていることが要因なのか、と思ったりする。

失敗してもうまくいかなくても、「また次にやればいいじゃない」と言ってくれる親や上司は少なくなったのかもしれないし、一緒に悩んでくれる仲間も見つけにくくなったのかもしれない。うまくいった時だけ評価してほめてくれる人はいても、うまくいかないときには人格を否定する発言が飛び交うのも日常的に見聞きする出来事だ。

猫がこれだけ人気があり求められる存在だということは、猫が寄り添いの達人ゆえだろう。

30年以上前、アメリカの高齢者施設で、高齢者が猫を抱いてなぜていると血圧が安定するという報告を読んだ覚えがあるが、たしかにふーちゃんをなぜているとほっと一息つく自分に気がつくことがしばしばだ。

そのままの自分でいいんだ、と思える時間は現代人には少なくなっている。うまくいってもいかなくても、その時々のありのままの自分を受け入れてくれる場所や相手が必要な時代なのだと思う。

❧

東日本大震災から13年がたった。あの震災を経験していない子どもたちが中学生になるのだと思うと、時の流れを強く感じるのだが、そんなふうに思う人も少なくないだろう。

時の流れはすべてを解決するなどと言う人もいるが、現実は決してそうとは言えない。3月になると、被災していなくても、落ち着かなくなり気分が不安定になるという人がいる。まして実際に被災して大事な人を失った人にとり、時は解決にはならない。普段は日常生活に特別支障はきたさないけれど、この時期、その当時の痛みがよみがえってくる。つらい記憶による傷は完全には癒えることはなく、痛みの程度は違うものの消えることはないのだ。「あれからかなりの月日がたったのだからもうそろそろ」などという言葉が、被災した人の心を傷つける。

日常生活を普通にしているし元気に活動しているから痛みが消えている、とはならない。痛みをおさえているのでまわりから見ると元気そうに暮らしている人も多い。

以前岩手県の陸前高田市で工場を経営していた夫と家をなくした後、病気で亡くなった兄弟の経営していた民宿を建て直して地元の人たちから頼りにされている女性とお話ししたことがある。

「みんな私を元気だと思ってるんですよね。でもそんなことはないんですよ。立ち直ってなんかいない。ひとりになるといつも窓の外を見て夫を捜している。ひょっこり帰ってきてくれるんじゃないかって」

その言葉は忘れられない。日常生活を支障なくこなしていれば、それが「立ち直り」と思われてしまう。本当は胸の中に思いがあるのに。

日本ではあまり知られていないが、大事な人を亡くすなどの喪失による痛みをサポートするケアがグリーフケアだ。喪失による心の痛みは病気ではない。自然な感情である。だから医療の手が届きにくい。さらに喪失から時がたった後の痛みについては支援が行き届かず、つらい思いを抱えながら生きている人たちがいる。医療や行政の手が届きにくい人たちを支えるのがグリーフケアと言える。

山口県防府市でグリーフケアの自助グループを立ち上げ、その輪を広げている女性がいる。グリーフサポートやまぐち代表で防府市市民活動支援センター代表の京井和子さんだ。

京井さんは22年前4歳の娘を飲酒運転の車による交通事故で亡くし、その後喪失による心の痛みや周囲からかけられる無理解な言葉に疲れ、悩んでいたときグリーフケアを知ったという。同じようにつらい体験をした人が思いを語り合える場が京井さんの救いとなった。そしてそうした場を広げていこうとグリーフケアについて学び研修する場を作りながら、交通事故による喪失だけでなく災害などによる喪失体験をした方も参加できるようにしている。「痛みを語る場が必要な人は連絡してくださいね」京井さんからの言葉だった。

6　「どうせ」にさよならする

レストラン勤めのDさんは、半年前に比べてめっきりお客が減って大変だと嘆いている。「街を歩いていても、みんながすさんでいる感じ」という。

さて、不況といえば、その大きな要因となったアメリカ経済がすさまじい状況なのはいうまでもない。ボストンに住んでいた当時、アメリカ嫌いの友人から「そんな不況の中にいるのはさぞ大変でしょう」と皮肉まじりに言われた。確かに2010年当時、ボストンの町でも少し前に比べ、ホームレスの人たちがじわりと増えたように思われた。

にもかかわらず、歩いていてもさほどすさんだ感じはしない。日本よりもひどい状況だと思うのに、なぜだろうと考えていたとき、テレビの世論調査を見た。経済状況が今以上に悪化すると考える人は約2割にとどまり、8割はこんな感じだろう、あるいは、良くなるのではと予想しているという。

これでわかった。要は、楽観主義というのか、何とかなるだろう、と思っている人が多いのだ。すさんだ感じが少ないのはこの思考性のためなのだろう。現実がどれほど大変な状況でも、未来に希望がある人ほど精神的に落ち込みにくいといわれている。つまり、現実が厳しくても将来を明るくとらえられるかどうかがカギだ。未来の展望がある国民ほど自殺率も低い。

日本はどうだろう。先行きの見通しを明るくとらえられるような人はごくわずかではないだろうか。その要因のひとつは思考回路。「どうせうまくいかないに違いない」と考えるくせがついていることだ。それには私たちが育ってきた環境の影響も大きい。何とかなるさ、というより、最悪の事態を考えるくせがついているのだろう。

今はつらくても先には希望があるという思いは、政治ともかかわりがある。未来の光を見せてくれるような政治力がほしいものだ。

❦

能登半島地震が発生してから2週間以上が経過した時点で、まだ被害の全容はつかめていない状態が続いている。電気も復旧せず断水が続いている地域も多い。半島という地形の特殊性もあり、支援が難航しているということだが、それにしても避難所の様子をみると支援体制が先進国とは言えないような状況でいたたまれない気持ちになってくる。

被災した方が取材の中で「一筋の光が見えれば生きていけるが、その光をどうやって見つければいいかわからない」と答えていたのが心に残った。一筋の希望の光が見えれば前を向ける、というのはその通りだと思う。支援には4種類があるといわれている。直接支援は、お金や物資や医療などの目に見える支援で、これが大事なことは言うまでもない。

支援には、目に見える直接支援のほかに情報支援もある。ここに行けば必要なものがある、などの情報で、支援や復旧の進捗（しんちょく）をまめに公開することが安心につながる。

情報がなくてわからないということが不安になるので、こんな支援が進んでいる、などを伝えてくれることがストレスを軽くする。命にかかわる大事なことで、不確かなことはうわさや臆測が広がるので、情報のアップデートは不可欠といえる。

さらに共感が大きな支援となるのは言うまでもない。東日本大震災のとき、被災された方は、知り合いや友達から「心配している。必要なものを言ってくれれば送るから」などと声をかけてもらったのが力になったと言っていた。共感支援の他の心理的支援として「援助への期待という支援」がある。

この人がいるから手助けしてくれるだろう、困難な状況を改善してくれるだろう、と思える人物がいることは「一筋の希望の光」になるものだ。

例えばリーダーシップをとり復旧を進めてくれる指導者などがいることは大きな災害などの時には大事なことだが、残念ながら政治資金問題で揺れる今の状況では、政府にそれを求めるのは難しい。

ただ、東日本大震災で被災した自治体の有志の方たちが協力して支援を進めている動きがあり、こうした支援が「一筋の希望」になってくれたらいいと願っている。

友人でストーマを装着している女性から、「被災した知り合いが心配」という声を聞いた。ストーマとは人工肛門や人工ぼうこうのことで、必要な装具が不足しても声を上げにくいのでは、ということだ。おむつや生理用品を配るとき、「ほかにも困っていることはありませんか」など、アナウンスがあると声を上げやすいということだった。

つらくても困っていてもみんな大変だから、と我慢してしまうことで体調を崩したり、死に至ったりすることもある。声を上げやすい環境づくりは第5の支援かもしれない。

❧

気持ちよく過ごすためにやめてほしい言葉がある。それは、「どうせ私なんて……」という科白（せりふ）。この言葉には毒がある。まず、相手に向かって「どうせ私なんかいなくたって平気なんでしょ」と言った場合、自分が悲劇の主人公モードに入ってしまう。

この言葉の裏には、さみしさが隠されていて、相手に「そんなことないよ」と言ってほしいのだが、言われた方は嫌な気持ちがして、「いい加減にして」ということになってしまう。

部屋に花を飾り、その花が枯れて花瓶がなくなったとき、部屋の中にぽっかり空洞ができたように感じる。ほんの数日、生活を共にしただけの花なのに、視線はもう無意識にその花を追っているのだ。花だってそうなのに、共に過ごした人が「いなくて平気」のわけがない。だから「どうせ私なんて……」と言わないでほしい。

さて、もしあなたの知人や家族が「どうせ私なんて……」という言葉を発するなら、それは愛を確認したい、というサインなのだ。子供のころから自分が愛されているか不安を感じていたり、自分の存在に自信がないと、こうした言葉で相手に甘えてしまう。言われた方はいら立たずに、その人のさみしさに共感してほしい。

一方、もし、あなたが自分に向かって「どうせ私なんて何の才能もないし、取りえがないわ」などとつぶやくと、それは自分にレッテルをはることになる。

取りえがないとレッテルをはった途端、あなたのもつ可能性は全く見えなくなってしまう。同様に、「どうせそんなことやっても何にもならない」という言葉も、発した途端、これからしよう、と意気込んでいた思いがなえて、やる気がなくなってしまう。

「どうせ私なんて」という言葉に、さよならしたいものである。

Ⅲ　人間関係で悩まない

1　親と子だから難しい

親を尊敬する、と答える子供が最近減っているのだそうである。そんな話を聞いてみなさんはどう感じますか？　そして、みなさんが小学生だったところ、親を尊敬していらっしゃいましたか？　現在はどうでしょう？

さて、私が小学生だったころ「尊敬する人」のアンケートをとると、99％の同級生が両親と答えていた。残りの1％は、ナイチンゲールやその他の歴史的人物で、私はそのアンケートがとても嫌だった。

私は両親をとくに尊敬していなかったから、同級生が何のためらいもなく「両親」と答えるのを見ると不思議な気がした。よほど人格者の両親なのか、それとも同級生たちがきちんと両親を観察していないのか、どちらかだろうと考えていた。

かといって私が両親を嫌いなわけではない。私は親の仕事も外に向ける顔も内側も知っていたから、親も30代の悩めるごく普通の男性と女性である、という認識だったのだ。全面的に尊敬できるはずはなく、しかし否定しているわけでもない。

そのアンケートの問題は、家庭環境調べの踏み絵みたいな要素がある点だと子供のくせに気がついていた。だから、両親を尊敬すると答えないと、家庭に問題があると思われて面倒だしなんて思っていた。

人間にはいろんな要素があるから、仕事の面では尊敬するけれど、感情表現の仕方や人とのかかわりでは尊敬できないなどと先生に言ってもわかってもらえないだろうし、逆に面倒な子だと思われそうだし。

こんな記憶があるからこのアンケートはなつかしかった。

親も一人の悩み多き人間である。私は子供のころのその認識は正解だと思っている。完璧でなくていい。尊敬を求めて子供の前で親の権威をふりかざすのでなく、悩みながらも自分のできることを一生懸命やっていく姿の方が、子供はいいなあと共感できるはずだ。

今でこそ子供を虐待する親がいることが知られるようになったが、ほんの十数年前までは子供を愛せない親なんていないと思われていた。Aさんは40歳。職業をもっていた母親は、外ではいつもニコニコして、とても感じのいい女性だった。「優しいお母さんでいいわね」。近所の人にそう言われるたび、Aさんはどう答えていいかわからずに困った。外から見ると母親は確かに完璧だった。仕事をしているのにお弁当もつくり、参観日にも顔を出す。教育熱心で担任にはお中元、お歳暮を欠かさないので教師にも評判がいい。

ところが家に帰るとガラリと態度を変える。Aさんが話しかけても、機嫌が悪いと黙ったまま無視する。Aさんは名前を呼ばれたことがなく、いつも「あんた」と言われる。テーブルの上に乱暴に食器を置いたり、ドアを乱暴に開け閉めして、そのたびにAさんは怖くて萎縮（いしゅく）した。

外で抑えていた感情を家の中で子供にぶつけていたのだろう。Aさんは怖くて、悲しい思いをしたが、我慢した。つらい気持ちを誰かに言ったにしてもわかってもらえないことに気づいていたのである。外ではいい母親という姿しか見せていないので、子供の話など信じてもらえない。20歳を過ぎたころ、親しい年上の女性に話したところ、

「あなたは子供がいないから、母親の気持ちがわからないのよ。子供をかわいくない母親なんていない。もっと年をとると親の気持ちもわかるし感謝するようになる」

と言われ、やはりわかってもらえないと感じた。

身体的暴力でなくても言葉や行動による虐待がある。愛されて育った人には、親が子供をいじめるなど想像もつかないだろう。実際にAさんのような話を聞いても、理解や共感できないことがある。子供の思いや言葉を受けとめる場があればという思いで、今、Aさんはカウンセラーをめざしている。

中学2年のBさんは高校2年の姉との関係で悩んでいる。姉は学校の成績も良く、教師の評判も良い。両親も姉には一目おいていて自慢の娘なのである。Bさんは成績では姉のようにはいかない。でもスポーツは得意で友人も多い。Bさんは姉と比較されるのがイヤなのだが、子供のころから両親が「お姉さんを見習いなさい」などと言うのにはもう慣れっこになっている。

ただし、このごろ姉は学校の成績が少し下がり気味でいら立っていて、それでBさんにあたるので困る。イライラしてノートを投げつけられることもある。姉は外づらがよく、親の前ではいい子だし、先生の評判もいい。外で感情を抑えている分、そのとばっちりがBさんに及んでいるのだ。自分は何もしていないのに急にあたられ、迷惑この上ない。

一度両親に姉のことを話したのだが、全くわかってもらえないばかりか、逆に姉の肩をもたれた。Bさんはもう親に話してもムリだとあきらめてしまった。

友人との関係がいいので、今は学校に行くのが救いになっている。しかし、家に帰るのが苦痛で姉と顔をあわせたくない。口論しても弁の立つ姉には負けてしまう。さらに、姉は機嫌が悪くなると、だんまり戦術で口をきかなくなったり、ドアを音をたてて閉めたりするのでBさんはヒヤヒヤしてこわくなるのだ。

「外でいい子」の子供の場合、抑えた感情を自分より弱い立場の妹や弟に向けることがある。親の前でもいい子にしているから、親はなかなか気づかない。

兄弟姉妹間のそうした問題にしばしば出合う。こんなとき、学校などで中立の立場をとり、悩んでいる子供の話を聞ける大人がいてくれると子供は救われる。「いい子」を演じている子供の抑えた感情に気づくことも大切だが、同時に、そのとばっちりを受けている子供の心にも気づく親であってほしい。

⁂

中学生のCさんの母親は、時々仕事仲間の女性同士で、家でちょっとした集まりをする。とくに聞き耳を立てているわけではないが、話の内容が聞こえてしまい、Cさんは嫌な気持ちになることが多い。

たとえば、母親は「いいわねえ、あなたのお子さんは理数系が得意でうらやましいわ。うちの子は本当にダメなのよね」などと言うのだという。最初は謙遜(けんそん)かと思っていたが、そうではないらしい。父親の給料や役職の愚痴に話が発展していき、Cさんは悲しくなってしまった。

以来、集まりがあるとCさんは憂うつになる。以前、どうしても許せない気持ちになって、母親にそんなふうに言わないでほしいと訴えてみたこともあるが、「だって本当のことじゃない。思ったことを言って何が悪いの。くやしかったら勉強すれば」という答えが返ってきて、がっかりしたのだった。

思ったことを言うのは確かに自由かもしれない。だが、いつもそのように他人を羨望（せんぼう）し、身近な人の良いところを見つけられないとしたら、心は安らかにならない。

他人は、ショーウインドーに並ぶ商品と同様に、欠点が見えにくい。遠くから眺めるから問題点に気づかないのだ。ところが、距離が近くなるとほころびが目立ち、欠点ばかりに目が行くようになる。

人間は自分の見たい部分だけを見る傾向があるといわれる。すべてを見るというのは無理、とするなら、せめて身近な人の欠点に気づいたとき、同時に良いところをひとつ見るようにする、などという方法はいかが。

「うちの子はね、理数系ダメなのよね。でもね、思いやりがあって人に優しいの」

と言われたら、子供も自分も幸せな気持ちになれるのでは。

そんな当たり前のこと、とお感じのあなた、当たり前に実行済みでしょうか？

わかっていても実行できないことは、「当たり前」などと言ってはいけない。

❧

高齢になった両親とのかかわりで悩んでいる方が多い。

Dさんの母親はもともと物を大切にする人なのだが、このところその傾向がひどくなり、デパートの紙袋やひもが引き出しにあふれかえっている。捨てないだけでなく、ご近所で不要になったテーブルやイスまでもらってきて、家の中が片づかない。文句を言っても全く聞いてくれない。Dさんの妻は同居を嫌がり、家庭内がぎくしゃくしている。

Eさんの父親は80歳を過ぎてから急に疑い深くなり、自分で置き忘れたものを盗まれたと思い込み、よく大騒ぎしている。いくら「忘れただけでしょう」と説明しても納得せず、Eさんは疲れ切ってしまった。

Fさんは離婚して母親と同居をはじめた。体は元気で受け答えもしゃきしゃきしているので安心していた。ところが、カギをかけ忘れたり、ガスをつけっ放しにしたり。もの忘れがひどくなり、Fさんは会社に行くのがこわくなってしまった。自分の留守中に火事にでもなったらと思うと、外出もひやひや。追いつめられたような気分に陥っている。

体が元気だと介護は不必要に思えるが、心の介護が必要なことがある。同じ疑い深さでも、妄想的な場合やもの忘れがひどい場合には認知症などを起こしていることもある。治療が必要な場合でも、本人には病識がなく受診しようとしない。

そんなときは家族が代わりに受診し、医師に相談するのもひとつの手だ。一人で抱えこまず、医療機関や家族、友人と一緒に対策を立てれば、気持ちが追いつめられるのも防げる。両親が元気だったときのことをよく知っているだけに、つい理詰めで説得しようと思いがちだが、いくら話しても聞いてくれないのは「病気」のせい。介護が必要なケースなのだ。

こう考えれば、少しゆとりをもって接することができる。自分が燃え尽きないよう、サポートを求めるのを忘れずに。

2　妻と夫、なぜすれ違う？

結婚半年目のGさんは夫と大ゲンカ、原因は掃除である。夫は大学の研究室勤務。朝は早くから出かけるし、夜もかなり遅くなり、帰宅後も机に向かうことが多い。久しぶりの休日で夫が買い物に行った合間をぬって、Gさんは夫の部屋の掃除をすることにした。床に書類が散乱しており、掃除機をかけられず、気になっていたのだ。

夫は自分の部屋は自分で片づけるから、と常々言っている割には掃除しているのを見たことがない。忙しいからその時間はないはずだ、と考えたGさんは、床の書類をまとめて掃除機をかけた。Gさんは子供のころからきれい好きで、物がきちんとそろえられていないと仕事がはかどらない性格なのだ。

これで夫も喜んでくれるだろうと思っていたところ、夫が帰宅後大ゲンカになってしまったという。夫は床の上に書類を散乱させていたのではなく、「分けて置いてあった」そうで、すべてをまとめて一緒にされたことで仕事がまたやり直しだと激怒。Gさんも「それじゃあ、汚くて掃除機がかけられない」と反論し、冷戦が続いている。

掃除をめぐっての冷戦はしばしば起こる。なぜそうなるかというと、それは「分類」の問題であり、片づけられると自分の思考の流れが妨害されるからだろう。Gさんにとってはただの書類に見えるものが、夫にとってはすでに分類されたものであり、その思考が妨げられたので激怒したのだ。

Hさんは、忙しいときにお掃除サービスを頼んだら、食器や電気製品がいつもと違う場所にしまわれていて、手順が乱れ、以来、頼んでいないという。

人の思考と分類は家族でも同じではなく、わからないもの。掃除や片づけをどこまでするのか、しっかりコミュニケーションしておくことが大切。散らかりすぎて家族に迷惑をかけぬよう、夫に責任を持ってもらうことも話し合おう。

仕事帰りに、妻に頼まれた豆腐をスーパーで買ったI氏。帰宅して、妻に「品物が違う」と言われたものの信じられず、「絶対にちゃんと買ったはず」と言い争いになってしまった。

よくよく見ると、パッケージに書かれた文字の色が同じだけの違う品であることが判明。色だけ見て、

「これだ！」

と思い込んだため、間違ってしまったのである。

I氏は、品物のパッケージの色だけに注目して、全体を見なかったから、間違ってしまったわけだ。我々は、ものごとの全体を見ずに自分の見たいところだけを見、聞きたいところだけを聞き、注目する部分だけを読む傾向があるといわれている。

つまり、関心をもっていたり、自分の興味のあるところだけを見たり聞いたり読んだりしているのだ。このことは、集中力の原動力となる一方、思い込みや誤解の原因ともなる。

対人関係でも同様のことが起きるもの。相手の性格や行動のひとつだけを見て、

「ダメな人」とレッテルをはってしまうと、相手の良い面を見つけることはできなくなってしまう。このような誤解を減らすためには、

「自分の記憶は絶対に正しい。自分は絶対に間違うことがない」

と頑張るのをやめて、少々の柔軟性をもつことが必要だろう。

「もう一度、全体を見てみよう」

「相手の別の面も見てみよう」

というような冷静さと客観性が、行き違いを減らしてくれる。

I氏は間違いに気づいてすぐにゴメンと謝り、コミュニケーションはうまくいった。こんなとき、「オレは忙しいのに買い物したんだ」などと頑張ってしまうとケンカになる。

思い当たる方はご用心を。

3　その一言、言ってますか

主婦のJさんは久しぶりに友人の家を訪ね、ショックを受けた。理由は友人夫婦の食事スタイルである。普段から食事中にテレビをつけない。夫は、あっ、これ、おいしい、と感想をごく自然に述べ、食事が終わると、ごちそうさま、と皿を流しに運ぶ。日常的にそんな様子らしい。

「うらやましくて、何だか悔しくなっちゃった」とJさん。

Jさんの夫は食事に何の感想も言わない。食事中もテレビをつけ、新聞を広げる。20年以上前からその調子で、文句を言うと「食事くらい、好きなようにさせてくれ。1日働いて疲れているんだから」と言われてしまう。

妻だからおいしい食事をつくって当たり前、という考え方らしい。

「一言おいしい、とか、ありがとう、なんて言われたら、うれしいのにね」とJさんは嘆く。夫だから、妻だから、仕事だから、それをやって当たり前、という風潮が気になってならない。

あるメディアで医師の超過勤務が取り上げられた。医師が「一言ありがとうと言われたらほっとするのに」と述べたのに対し、「軟弱だ」と批判が相次いだという。それが仕事だから当たり前ということだろう。

Kさんは出版社勤務。担当する作家の原稿が遅れ、連日深夜まで仕事となったが、本が完成し上司から「ご苦労、ありがとう」と言われたとき、疲れが軽くなったという。

やってあったり前じゃんという人が増えた。そんな人だって自分の役割に対し感謝の言葉をかけられたら、うれしいはず。その言葉を求めてするわけではない。でも、自分の行動が役に立ったと思えてうれしくなる。

最近、ハードワークの1日の終わりに、自分の体によく働いてくれてありがとう、と言ってみる。すると体から、どういたしまして、なんていう声が聞こえてくるように思えるのだ。

「ごめんなさい」と言えない人がいる。Lさんの夫もそんな人で、Lさんは「夫の辞書には、ごめんなさいという言葉がないのです」と言う。

机の上に置いてあった大事な書類を捨ててしまった夫に文句を言ったら、「そんなところに置いとくからいけないんだ。ゴミと間違える」と一言。台所の流しの横に洗って用意していた夕食用の野菜をひっくり返されたので「気をつけてよ」と言ったら、「暑いのにゴチャゴチャ言うな」と全然論理的でない返事。あらためてふり返ってみると夫が「ごめん」と言ったことはこの30年で1回か2回。

Mさんの母もごめんなさいと言えない人だ。買い物で頼んでおいたものがなかったので「どこにある？」と聞いたところ、「私だって忙しいんだから」と逆ギレされてびっくりしたそうだ。

ごめんなさい、と言ってしまえばそれで済むたわいもないことなのに、それが言えない。世の中にはごめんなさいでは済まないこともあるが、だからといって言わずにいたらしこりが残る。その言葉には一種のリセット効果があり、言われればちょっとした失敗は水に流すことができる。

Lさんや Mさんの場合、大事な書類を捨てられたり、せっかく用意した夕食のおかずをダメにされたり、必要な買い物がないといった一次被害に加え、逆に文句を言われて黙って不満をおさえ、我慢してしまった。そのイヤな思いや失望が心の中にたまると、さまざまな症状の引き金になったりする。

ごめんなさい、と言えない人は小人物である。それを言うことで自分の立場が危うくなるという不安でいっぱいなのである。

年齢、性別、職業を問わずそうした人は結構多い。失敗したら謝る。悪かったなと思ったときにごめんなさいと言えば、お互いの関係性が悪化しないのは当然のことだ。立場が上になるほど、謝りにくくなる。

「偉い人」ほど要注意？

4　子供のいじめは大人社会を映す

仲間はずれにされる、という状態は大人にとっても子供にとってもつらいもの。昔から村八分などという言葉があるように、共同の「場」に参加できないことは、生活を営むうえで大きなストレスになる。

日本では「場の論理」、つまりその場に入れるか入れないかが大問題になる、と心理学者の河合隼雄氏が指摘している。

そのとおり、場に入ると仲間として守ってもらえるが、外れると守ってもらえなくなる。診療をしていると、会社や集団生活で「場」にとけ込めず悩んでいる人が多いことがわかる。

とくに気になるのは、幼稚園や小学校低学年の子供をもつ母親間の人間関係のストレスである。母親たちは、自分と同じような環境で育ち、似たような職業の夫をもつ人同士で仲間をつくる傾向が強い。

共通の話題で盛り上がり、食事などの行動を共にすることで結束が強まる。一方、その輪に入っていけない人にとっては、孤独感と疎外感が強くなる。母親同士の人間関係の問題点は、まだ幼い子供たちが母親同士の交流の際、一緒にそれぞれの家に「お呼ばれ」をして遊ぶことである。

つまり、仲間のいない母親の子供は、お呼ばれができなくなり、母親がそのことで罪悪感をもってしまう。

子供がみんなと遊べないのは、自分が仲間に入れないからだ、と自分を「母親失格だ」と思って落ち込み、子供のためになんとか仲間に入ろうとあせることで、気持ちが追いつめられていく。

すぐに周囲ととけ込める人は、そんなことで悩むなんて、と思われるかもしれない。が、そんな人ばかりではないことに気づいてほしい。そして、もしあなたがすぐととけ込める人なら、とけ込めない人をダメな人、と非難する前に、悩んでいる人に一声かけてあげてほしい。温かい言葉ひとつが、閉塞感(へいそくかん)を和らげていくものだから。

いじめで自殺に追い込まれるという報道を聞いて、胸が痛くなる。なぜいじめが起きるのか。その要因のひとつに、誰か一人をスケープゴートにして、仲間の結束を強めるという心理があるだろう。誰かをいじめられっ子にして、みなでいじめている間は、自分の身は安全。いじめるという共通目的のために仲間意識も生まれる。不安感がなくなる。自信のなさの現れでもある。

ここで気づく必要があるのは、子供の社会は大人の社会の鏡だということであろう。今、子供の抱える問題は大人の社会を投影した現象に見えてならない。

先に述べた通り、私は10年ほど前から、幼稚園に子供を通わせている母親同士の集まりにとけ込めず、無視されている女性の悩みを聞くことが多くなった。子供を遊ばせるため互いの家に招く集まりに、誘われない。話の輪に入ろうとしても、席を外されてしまう。その集まりに入れないと、子供も遊べなくなってしまうので悩みは深刻だ。

*

女性社会だけではない。職場ではパワーハラスメントが問題になっている。何か敵を想定し、仲間を結集させ連帯意識をつくっていくという心理は政治的に使われる。敵を攻撃している間は結集し、意識は外に向かうからだ。

いじめてはいけない、という言葉だけではいじめはなくならない。人の不幸は蜜の味とばかりに、誰かのうわさ話をして陰で足を引っ張り、そのうわさ話で連帯を強めるようなやり方自体が、既にいじめのスタートなのである。

では、いじめっ子がどんな心境でいじめるのか。いじめられることを恐れ不安があるのだろう。自分の中の自信のなさが、安易ないじめという形で連帯をつくる方向に向かう。攻撃してこない弱い者をいじめることで、自信と安心を得るのだ。まず、家庭の中でいじめ心理のもとを絶つ大人の意識改革が必要に思えてならない。

⁂

夫の転勤でアメリカに住むことになったNさんは海外生活を楽しみにしていた。

語学はさほど得意ではないが海外旅行の経験もあり、性格的にも異なる環境に適応する自信があった。30代で子供もいないので、英語を勉強し直そうと学校にも入学を決めた。

Nさんが住むことになった地域には日本人の集まりもあり、さっそく入ることにした。仲間がいると情報も教えてもらえる、と期待したそうだ。この集まり、初めて参加したときにはなんとなくよそよそしさを感じたものの、元来細かいことを気にしないNさんはそのうち親しくなれるだろうと思った。

ところが、しばらくして偶然に、Nさんは会員が自分の陰口をメールで送り合っているのを発見してびっくりした。会の人たちは高学歴で英語も流暢だ。Nさんが学歴もさほど高くなく、夫の地位も高くないことをさかなに盛り上がっているのだった。

「あの年で今から語学やっても手遅れね」というメールを書いている人もいたが、彼女は実際に会ったときはにこにこして、頑張ってねと声をかけた人だった。Nさんは陰口に傷つき、人のうらおもてにも傷ついた。日本にいるとき、そうした人たちとあまりかかわらなかったのでなおさらだった。

エリートと呼ばれる人たちはしばしばできない人を見下すことがある。そしてエリートだけで集まったとき、できない人を攻撃することで結集したりする。まるで子供のいじめの構造と同じだが、実は子供が大人の世界をまねしているといってもいいだろう。

英語やお勉強ができる人が、すべてをできるわけではない。みな、それぞれ得意の分野を分け合いながら社会が成り立っている。それに気づかないエリートは真のエリートとはいえない。

❧

東京近郊の住宅地に住むOさんは台湾出身。日本国籍を取得し、資格をとり専門職についている。もちろん日本語も堪能で外見から彼女の出身はわからない。ところが、Oさん自身はいつもどこかに不安感があるのだという。

子育てをし、仕事をするなかで、次第に自信をもてるようになった今年の春。近所の人たちの集まるお花見の会に出かけたOさんは、ショックを受けた。お酒の入った男性たちに「あんたの出身はどこなのさ。日本じゃないよね」と言われたのだ。Oさんが台湾と答えると、「やっぱり」と盛りあがり、「そんなうわさがたっていたから」とからかわれたのだ。その言葉にOさんは、子供時代に自分の出身のことでいじめられた思い出がよみがえり、不安で憂うつな気持ちになってしまった。

まだそんなことを言う日本人がいたのか、と悲しくなる。しかも子供ではない。40代の男性だ。自分と異なる意見、出身、立場の人をいかに受け入れ、互いにいい関係を築くことができるかが成熟の条件だ、と私は思っている。一生懸命に生きている人の出身をとりざたし、うわさをたてて傷つけるのは大人のすることではない。

私の所属していたハーバード時代の研究室のトップはインド出身、研究プロジェクトのチーフはユダヤ系、スタッフにはナイジェリア出身英国育ちの人もいるし、母方はナバホインディアンという家系の人もいる。アメリカは人種差別がある国という印象をもつ方が多いが、少なくとも人種差別があるからこそ、それをなくそうと考える機能も働いている。

日本の場合はどうなのだろう。一見、平等そうに見えるなかで、ささいな違いをもとにグループが形成される。どこ出身だろうと、同じ地球の上に住む人間じゃないか。不況の時代、たまったうっぷんを、自分と異なる環境の人、少数派を非難することで晴らすようなことにならないでほしい。

それにしてもやりきれない。Oさんには、胸を張ってちょうだいと言うしかなかった。

5　大事なのは共感力

私は、２００８年当時大学で心身医学のほかに女性学も教えていた。背景には、医療現場で体調を崩した女性たちとかかわるなかで、女性の生き方の選択肢が広がっても多様性を受け入れられず、ストレスになるケースを多く見てきたことがある。

自分と違う生き方を選ぶ人を受け入れるのは難しい。これには若いうちからの教育が必要だと思う。女性学の講義での学生たちは、新学期がはじまる4月からわずか4カ月ほどで、飛躍的に成長する。

ある学生は、他の学生の発表に、いつも一番大きな拍手を送っていた。励ましとねぎらいが伝わり、なんていい拍手をする学生だろう、と思っていた。そこで、夏休み前最後の講義で彼が発表するためのテーマを出した。

講義の前に、彼がやって来た。先生が出されたテーマとは違うが、どうしても発表したいのでいいですか、と言う。自分のテーマがあるのは大歓迎、でも、なぜそれを選んだか説明するようにと伝えた。

テーマは、同性愛の悩みについてだった。人は、多様性を受け入れるのが大切だという。しかし、いざ同性愛となると、気持ちが悪いと感じる人が7割にのぼる。このため、そうした傾向をもつ人は家族にも打ち明けられず、自己否定感が強く、将来に希望が見いだせず、人から理解されない孤独にさいなまれ、自殺未遂も多い。

この学生は、ボランティア活動を共にする仲間の大学生からそれを打ち明けられた体験をもとに、自分とは違う傾向をもつ人を受け入れる難しさと重要性を語った。

発表は、実体験をもとにした説得力と優しさにあふれていて、聞く者の心に響いた。

私は一生、彼の発表を忘れないだろう。法学部の彼が大きな心をもつ弁護士になることを祈っている。

知人で10年間、不妊治療を続けた女性がいる。仕事をしながらの治療は時間的にも経済的にも大変だったが、どうしても子供がほしくて頑張ってきた。40歳を過ぎて、ついにあきらめた。

その後数年間は子供の話をすると涙が出てしまうので困った、と後になって彼女は話してくれた。とくに、少子化の話題になると、自分が責任を果たしていない怠け者のように思えて、身の置きどころがないような罪悪感と劣等感に悩まされたという。子供を産み育てるのは女性としてもっとも大切なこと、という意識が根強く存在するために、彼女のような女性には、風当たりが強くなる傾向があるし、そうした趣旨の発言をする政治家もいる。

しかし、妊娠・出産は本人の努力だけでできることではない。病気や体質などでかなわないことも多いということを知ってほしい。

知人は、彼女でなければできないすてきな仕事をしているが、それに関して、

「仕事なんかしているから子供ができないんだよ」

などと言う人もいたという。強くてみんなができることができ、周囲の期待に応えられる人だけがよしとされる世の中は、なんだかとても冷たいなあ、と心が寒くなる。

みんなが普通にできることができない人もいる。努力しないのでなく、努力してもかなわない願いもあるのだ。しかし、みんなができることができない人は、その人にしかできないこと、それが世の中のためになることがあるはずだ、と私は思っている。

多様性を認めよう、という言葉だけは行き渡っている。だが、総論賛成、各論反対で、実際には前述の彼女のような出来事が起こっている。

みながができることができないつらさへの共感。みながができることができない人は、自分にしかできない何かを見つけること。これらが、世の中を温かくするように思えてならない。

親の勧める見合いを断って年下の大学研究員と結婚したPさんは、久しぶりに実家に帰り、母親に「どんな様子なの？」と聞かれた。

結婚生活にはほぼ満足していて、夫とのコミュニケーションもうまくいっているが、何せ夫は若くて薄給。自分がアルバイトしないと経済的に大変で時間が足りないと話したら、突然母親から「自分で選んだ道でしょ」とぴしゃりと言われたという。言わない方がよかったのかな、とPさんは少し淋しい気がした。

Qさんの場合はもう少し深刻だ。夫とうまくいかず、口論が絶えない。暴力的だったり生活費をきちんと入れてくれなかったりする。離婚を考えており、実家に帰ったときそれとなく話をしたところ、「愚痴を言わないで頑張らなきゃ。自分で選んだんでしょ」と言われ、とても相談できないと思ったという。

人生は自分で選択するもの。しかし、失敗もすれば、挫折することもある。失敗という結果も、自分で引き受けるのが大人だ。だが家族や友人なら、その失敗や挫折を共に「大変だね」と分け合ってほしいというのは、ぜいたくなのだろうか。

自分で選んだのだから苦しむのも悩むのも一人ですれば、というのは悲しすぎる、と私は思う。PさんもQさんも、共に親のせいにしているわけではなく、すでに頑張っているのである。

「自分で選んだ道なのだから」とお説教して、共感するのを忘れている家族が多すぎる。働きすぎ、引き受けすぎで体を壊した人に、「自分で選んだんだから仕方ないでしょ」とは言わないだろう。アルコールの飲みすぎや食べすぎで肝臓を傷めた人に、「自分で選んだんだから」とは言わない。その人の体の痛みに共感して「大変ですね。お大事にね」と言うはずだ。

心の痛みも体の痛みも同じ。お説教は先生に任せ、家族は家族にしかできないケアをしてほしい。

6　ものわかりのいい大人にならない

数人の学生を連れて夕食に出かけ、そこで驚いたことがある。学生たちは料理が運ばれてくるとさっさと自分の小皿にとって食べはじめ、隅の席の人に大皿をまわそうとする気配がないのである。

ほら、お皿をまわしなさい、と言いながら、学生たちはきっとこうした食事体験がないのだろうと考えた。小家族、食事時間がまちまち、一人でコンビニ弁当、という食卓スタイルでは、ひとつの皿の料理を分け合って食べる経験はない。

いくら「人のことも考えましょう」と教えても、体験が伴っていないから実践できない。家族の中にお年寄りも子供も少なくなったし、ご近所づきあいも希薄になった。だから「してあげること」の体験がなく、「してもらうこと」ばかりが多くなる。したがって「してもらって当たり前」になり、ありがとうの気持ちもなくなる。このことから、周囲とのコミュニケーションギャップが生まれる。

そろそろ期末試験、ちょっと「してあげすぎ」かなと思いながら試験対策講義を開いてから試験をした。これまた驚いたのは、対策講義があって助かったと感謝されるのではなく、対策講義の範囲外からも問題が出た、と文句を言われたことだ。

大学は丸暗記ではない、物事を考える筋道や論理の総合力を養う場。「授業中は寝ていても、試験のときくらいは自分のもっているすべての知識を振り絞って考えなさい。社会に出たら『これは範囲じゃない』なんて言ってられないよ」と学生とやり合った。多分、学生たちは覚えなさいと言われたものを勉強するという体験しかないのだろう。

体験したことがないことをするには痛みが伴う。教える立場の者がそう言えば摩擦が生まれ、「うるさい先生」とされる。少子化時代、恨まれることを覚悟で教育しないと、言われたことしかできず、人を思いやれない大人が増えてしまう。

日本とアメリカを往き来するうちに認識をあらたにしたのは、「デッドライン」、すなわち「締め切り日」の厳密さである。

日本でも「絶対」に締め切りを守らなければならないケースはもちろんあるが、「事情」あるいは「個人」によって、締め切りは必ずしも守られない。

例えば大学のリポート。締め切りはあるものの、学生に「すみません、書いたんですけど家に置いてきて」と言われると、つい「明日でいいよ」などと答えてしまいがちだった。ところがこのアメリカの大学院を見て、とてもそんなことは言えなくなってしまった。

アメリカの場合、デッドラインは厳密である。何度も確認して日付が通知されるから、その日に持参するかメールに添付しなければ、「やっていない」あるいは「集中力欠如」と評価される。事情だの、何だのというグレーゾーンや情状酌量はない。

日本では、このスタイルは融通がきかない、とされる。昨日、リポートを忘れてきた学生に「明日ではダメ」と答えたら、どうもとんでもなく「ものわかりの悪い」、頭のカタイ教師と思われたようだ。だが、日本方式をアメリカで通そうとしたら、信用はなくなるだろう。とくに自分で締め切り日を決めておきながら守らず、できない理由を明確にしなければ、失格になる。

それにしても、飛行機や電車の時間は極めて厳密なわが国で、政治や学生のリポートの約束日が守れないのはどうしてか？　答えは簡単。国民や教師が「まあいいでしょう」と、ものわかりよく許してきたからである。

ささいな積み重ねが、国際社会のコミュニケーション不全の引き金にもなる危険性を痛感している。

☙

最近、買い物やレストランでの注文で相手の間違いが多く、「あれ」と思うことがある。若い人の仕事を点検する機会もあるが、そんなときも書き間違いやワープロ変換ミスなど、いわゆるささいなミスが目につくのだ。

確かにささいなことではある。

こういうことを注意すると、世の中では「細かいことを指摘するうるさいやつ」と言われる。しかし、私はこうしたささいなミスが大嫌いなので、うるさいやつと思われようとそれを指摘する。というのは、細かなミス、たとえば処方箋で数字を書き間違えたり、小数点の位置を間違えたりすると大事故になるからだ。

ちゃんとやらなくちゃいけないときだけ集中すればいいという意見もあるだろう。しかし、普段集中する訓練をしていない人がいざ緊張する場面に出ると、パニックになるだけだ。スポーツでもプレゼンテーションでも他の仕事でも、平素の業務を集中してミスなくできる訓練ができてはじめて、大舞台で仕事ができるようになる。ささいなことを馬鹿にしてはいけない。

私自身はどちらかというと練習嫌いで、こつこつ積み重ねるのは苦手なたちだった。一発勝負で緊張する場面の方が力が出るので、ずっとそれですませてきたが、じっくりといい仕事をするにはささいなことの積み重ねが不可欠だということに気がついた。

以来、若い人のささいなミスについても大目に見ない。ささいな仕事をないがしろにする人は、じっくりとものごとにかかわれなくなるからだ。

逆に、大きなミスをした人に対しては怒らない。本人だってことの重大性を十分わかるからである。

今はどうやらその反対の風潮が強い。ささいなミスのとき、「まあいいよ、ささいなことだから」とやさしい大人になり、大きなミスのときダメだ、と怒る。さて、あなたはどちらの大人でしょうか。

❧

日曜の夕方、街はずれの小さなそば屋で数人のお年寄りが楽しそうに食事会をしている。お年寄りというには失礼なようなしゃんとした方々。和気あいあいの雰囲気は、お誕生日会のせいもあるようだ。まだ現役で後輩を指導したり、ボランティアをしている様子がもれ聞こえてくる。会も終わりに近づいたころ、一人の男性がこんな話をしていた。

「この前、バスの中で携帯電話をしている女がいてね。うるさいから、『もしもし、バスの中じゃうるさいんですよ。携帯はやめなさい』と注意したんだよ」ところが女性は無視。そこで再度注意したところ、女性は大声で、うるさいわねとどなったのだそうだ。

「全くどうしてこんな世の中になっちゃったんだろうね」

ちょうど前週、携帯電話を注意した男性が逆に殴られて死亡し、周囲の乗客は誰も助けなかったという事件があったばかりだった。

「どうしてこんな世の中に」という言葉、最近あちこちから聞こえてくる。第一の理由は会話の喪失だろう。コミュニケーションは、「自分一人の力では何もできない」と思うところからスタートするといわれている。自分の能力と限界を知り、人と協力し合い、相手との接点をさぐるのがコミュニケーションである。

今の世の中、どうだろう。お金があればものが買える。家の中でインターネットでものを注文しお金を払えば、人とかかわりなく生きてもいける。お金があればスーパーや百貨店で食料が調達できる。一人でだって生きていけるさ、お前なんかいなくたって、などという意識が人の話を聞かせず無視させるのだ。自分がすべて、という態度である。

お金があっても、食料をつくってくれる人、運んでくれる人、調理してくれる人がいなくては、一人では何もできない。それを教える大人が増えてほしい。

Ⅳ　体をもっと信じよう

1　リズムを整えるちょっとしたヒント

休日にゆっくりしたはずなのに、何だか疲れがとれない、などと思うときは、生活リズムが乱れていることが原因かもしれない。

「休日くらい朝寝坊したい」

とおっしゃる方も多いのだが、朝寝坊にも限度がある。お昼過ぎまでベッドに入っていたりすると、すっかり調子が乱れてしまうことがある。

起きても頭がぼんやりしてだるく感じ、その日の夜はなかなか寝つけず、翌日かえって具合が悪くなってしまう。これは、リズムの乱れによるものなのだ。

私たちの体には、体内時計と呼ばれる地球の自転に合わせたリズムがある。朝寝坊しすぎると、食事時間やその日の活動時間が普段と全く違うためにリズムが崩れ、いわば時差ボケのような状態に陥ってしまうのである。

朝寝坊は、普段の日よりせいぜい2時間遅れくらいにした方がリズムが崩れない。休日の朝をさわやかに心地よく起きるためには、いわゆる深い眠りから浅い眠りに移行して起きるのが理想的。子供にとっては、食事づくりの台所の気配や香りで浅い眠りに移行し、しばらくして起こされると気分よく起きられる。

深い眠りのとき、いきなりたたき起こされると眠りの不満足感で機嫌が悪くなったりする。休日は目覚ましを一工夫して、静かな音楽や鳥の声がソフトに流れて徐々に起きられるようなものにしては。

夏休みは子供の生活リズムが乱れたり、非行がはじまることもあるという。休みだからといっていつまでも寝ていると、体調不良の引き金となり、心の調子も悪くなったりする。夏休みこそ、朝ご飯を家族で一緒に取るようにすると休日時差ボケ予防にもなるし、家族のコミュニケーションも生まれる。

子供のころ大嫌いだった朝のラジオ体操だが、生活リズムをキープすることにもなるのだなあ、と今になって思ったりする。

湿度が高く暑い日が続いたかと思うと、急に涼しくなったりする。人間には環境に適応する力があるから、暑い地方に行ったから体温が上昇したり、寒冷地では体温が下がるということはない。

人は体内の内部環境を一定に保つ力をもっている。これを医学的には「ホメオスターシス」と呼んでいる。しかし、外気温の変化の中で体の状態を一定に保つには、自律神経など、体の各器官がフル回転しないといけない。

高温多湿の屋外から急に冷房のきいた車内に入ったり、昼間涼しく、ときには寒いぐらいの場所で長時間デスクに向かい、夕方まだ熱気の残る中を家に帰るという生活だと、汗をかいたりおさめたりと、体は必死に働いている。

こんな生活では、疲れるのは当たり前だろう。最近元気がないなあ、と感じるのは、環境に適応するための疲れである可能性が大である。このところイライラして怒りっぽくなっている人を見かけることも多いが、イライラは精神的な葛藤(かっとう)ばかりでなく、体の不調や疲れが引き金になることも多い。とくに季節の変わり目は体をいたわったり休めたり、温度変化で疲れた体を思いやってほしい。

人間の進化の歴史の中で培われてきた「ホメオスターシス」だが、この数十年の冷暖房技術の発達には戸惑っているような気がする。涼しい北ヨーロッパと亜熱帯の土地を1日に何度も往復するような環境変化には、我々の体の適応能力もびっくりしてしまうだろう。

せきが長びいたり、食欲が低下したり、体のあちこちが痛かったりという症状は疲れのサイン。症状を感じたときは早めに休んだり、ゆっくりお風呂に入り、昼間とめてしまった汗をきちんと出しておくなど、対応してほしい。

冷房で冷えた後は、足湯や半身浴をするのも有効だ。仕事のない週末は冷房を控えめにして、軽いストレッチを実行してほしい。

❧

寒い冬。雪の多い地方に住む方は、太陽の顔を見る日がほとんどないのではないだろうか。日照時間は気分に影響を与えることが知られていて、短くなるとうつ傾向になりやすい。

だからこそこの季節、室内で軽いストレッチをして体を動かしたり、家の中で楽しいひとときをつくるよう心がけてほしい。「日を浴びないから、なんとなく憂うつになるんだ。気をつけよう」という、ちょっとした気づきがあるだけでかなり違うはず。

　さてこの季節、もうひとつ心配なのは血圧である。血圧は普通、昼より夜は降下するものだ。逆に夜間や早朝に血圧が高くなる傾向の人は、脳卒中などのリスクが高まるので要注意。血圧というと塩分制限が頭に浮かぶが、「みんなと同じ塩分量なのにすぐ血圧が上がってしまう」という人は、食塩に敏感な「食塩感受性」の高い人かもしれない。

　一般に、高齢者や女性、肥満だったり、家族に高血圧の人がいる場合は、食塩感受性が高いとされる。こうした人は外食を少なくして1日の塩分を7グラム以下にし、野菜を多めにとって脂肪分も控えめにするとよい。

また、電解質のカリウムは、体内のナトリウムを排泄させる機能があるので、カリウムを含む柑橘類やダイコンなどを取るとよい。朝はオレンジ、夕食の付け合わせにダイコンおろしなどを加えてはどうだろう。

お風呂場やトイレの温度差に気を配ることはよくご存じだと思うが、20度から

41度くらいまでなら、血圧にはさほど影響しないとされる。お風呂の温度を38～41度にして、5～10分程度の入浴なら、よりリスクは低くなる。

寒くて憂うつな季節だからこそ、鍋物などで楽しく一緒に食事をするひとときをつくりたいもの。湯気の上がる汁物をふうふう言いながら飲むのは、鼻の粘膜の乾燥を防ぎ、かぜの予防にもなる。

❧

いい夢を見た朝は気分がよく、その日一日、何かいいことがありそうな気がする。逆に、怖い夢を見ると嫌なことが起こるのではないかと心配になったりする。夢が一日の生活の質に与える影響は、かなり大である。ならば、なるべくいい夢を見たいものだが、それにはどうすればいいだろう。

夢は、個人の無意識の産物だ。自分が普段気づかない、無意識の中に隠されている感情や願望が夢に表れる。だからこそ、夢分析などの研究がされるようになったわけである。

ところで、最近の心理学ブームで、夢に過剰反応する人がいるのが気になる。いやな夢によって、「予期不安」状態を引き起こすのである。

資格試験で失敗する夢を見たAさん。夢には予知能力があるから現実の試験でうまくいかないかも、とすっかり落ち込み、数日間、勉強する気力を失ってしまったという。こんな夢を見たときは、自分の心が試験に対する不安でいっぱいだと気づき、十分な準備をして不安を取ろう、と気持ちを転換することが大切だ。普段から不安な気持ちを一人で抱え込まず、親しい人に話しておくなども必要だろう。

夢は心のサイン。いやな夢を見たときは、内容にとらわれるより、夢の背景にある不安に気づき、それを軽くすることが効用となる。

逆にいい夢を見るためには、心の奥の不安や憎しみや怒りに気づき、それを掃除することが必要だが、なかなか難しい。

せめて、眠る前30分はいい気分やポジティブな思考回路に切り換え、テレビやパソコンをオフにする習慣をつけてはどうだろう。眠る前30分の出来事は、夢に影響を与えるそうである。また、乾燥で鼻粘膜が乾き呼吸が苦しくなるといやな夢を見たりするので、寝室の環境にも留意したい。

⁂

ここでちょっとあなたの目線をチェックしてみませんか。

近くの壁か柱に頭と背中をつけて目線を少し上げてみて下さい。いかがですか。普段からそんな姿勢をとっていますか？

いや違う、いつもはもっと下を向いている、もっと前かがみになっている、肩甲骨がそんなに開いていない、という方が多いのではないかしら。

次に姿勢を正し、目線を少し上げたときの気分をチェックしてほしい。その体勢で呼吸をすると息が十分入る感じがするし、目線が下のときより何となく気分が上向きになることに気がつくはず。体調が悪くてまっすぐに立てない方は、楽な姿勢で座り、目線を上げるだけでいい。

体勢は気分に影響を与えるし、逆も同様で、気分は体勢を変化させる。

アメリカでは怒っているとき、「ダウン・ライト」、つまり目線が右下を向いているなどと言う。上司が右下を見ながら難しい顔をしているときは、近づかない方が無難というわけだ。

目線が右上で黙っているときは何かクリエイティブな考えごとをしていることが多いので、これもあまり話しかけない方がいい。目線というのはやはり口ほどにものを言うらしい。

だから気分が落ち込んだときは下を向かず、目線を上げていると結構快方に向かう。確かに「私、気分が落ち込んでいるんです」という言葉は上を向いていると言いにくさを感じる。

気分は体の動きにつれて変化する。これをうまく生活にとり入れてほしい。時々柱に背中をつけ、目線を上げるチェックをしてみてはどうだろう。

アメリカはボディーランゲージの研究も盛んだ。オバマ元大統領が記者団のインタビューを受けるとき、やや首を右に傾け左の首を相手に見せるようにしているのはなぜか。ある心理学者が、頸動脈をさらすことで相手への信頼を示し、リラックスを表現していると語っていた。なるほど。

2　体をほぐすと心もほぐれる

日本人に多いと言われている肩こり、あなたはいかがですか？　体の症状は心のサインでもあるという話をしたことがあるが、肩こりも同様。たかが肩こりとあなどってはいけない。

肩こりが続いて筋緊張性頭痛が起きることもあるし、がんこな肩こりの原因に高血圧や眼精疲労があることも多い。ちょっと重い荷物をもったり、電車に長時間座っていたから肩が痛い、という一時的な肩の痛みと、しつこい肩こりは違う。血圧に問題なく、目も疲れていないのに肩こりでつらい、というときには精神的な問題があることもしばしばだ。

アレクサンダー・ローエンという心理学者は、感情を抑圧すると慢性的な緊張で背中と肩の筋肉が「凍結」してしまうと語っている。確かに、悲しみや怒りを抑え続けていると、身体症状として肩こりが生じるものである。単に忙しくて睡眠不足というときには、肩こりにはなりにくい。気を使い、嫌なことを我慢し、抑えた感情に気づかずそのままにしていると肩こりが起こる。

もしあなたに、そんな肩こりがあるようなら、ため込んだ怒りや悲しみをきちんと体から掃除しておくことが大切。静かな一人の時間をつくり（5分でも10分でもいいから）、抑え込んだ感情が何なのかを点検してみよう。運動に肩こり防止の効果があるのは、単に筋肉を動かす、という意味だけでなく、体を動かすことによって一種の感情表現ができるからである。

しかし、なんといっても効果的な肩こりの予防法は、忙しさを「自分の納得のいく」忙しさに変容させることだろう。同じ睡眠不足でも、充実した仕事をしたり、楽しいひとときを過ごしたときなら肩こりは起きない。だが、嫌々ながら納得のいかないお付き合いで過ごす徹夜は肩こりのもと。

肩こりは、人生の自分らしさを示すバロメーターかもしれない。

✻

ある集まりで、「最近は野菜や果物に含まれるビタミンなどの栄養素が、昔に比べて減っている。普通に野菜を食べていると栄養不足になる。だから、サプリメントを摂取することが大切である」という意見を聞いた。

話していたのは、サプリメントを売っている企業のトップ。聴衆はみな納得、という感があった。その意見はもっともなのだが、いや待てよ、するとあと10年後、20年後にはどうなるのだろう、と考えると大変なことだ。もし、野菜の栄養素が減っているのなら、その対策も考えていかないと、子供たちが大人になるころには、毎日サプリメントで食事をしなければいけなくなってしまう。

緊急避難的な「とりあえず」の対策は大切ではある。だが、「とりあえず」ばかりだと問題が残る。たとえば体に不調をきたしたとき、「とりあえず」をやっているとなかなか治らない。

職場で仕事量が多く、一人で残業を引き受けることもしばしばのBさん。頭痛がひどくじんましんが出て病院へ。とくに問題はないのでとりあえず痛み止めと塗り薬をもらっておさまった。

そのまま仕事を続けたところ、数カ月後に胃痛がした。病院では胃の粘膜がただれているると指摘され、とりあえず薬をもらって服用した。薬を飲めば痛みは治まるので仕事を続け頑張っていた。ところが今度はめまいと立ちくらみで動けなくなり、結局休みを余儀なくされてしまった。

Bさんの不調は体で表現するサインだったわけだが、「とりあえず」薬で抑えて根本的対策に目を向けようとしていなかったために、症状がさらに悪化してしまった。

「とりあえず」で問題なく解決できることもある。しかし、それでは済まないことも多い。そのつけが一挙にくると大変なのだ。環境も体も小さなサインに目を向け、根本的対策にも気を配りたいものである。

⁂

最近の子供は室内にいる時間が増え、屋外での遊び時間が少なくなったことも心配だ。

空き地など子供の手軽な遊び場も減り、治安上の理由から外遊びができなくなったり、進学のための塾通いなども増えている。跳び箱が跳べない子供や、鉄棒で回転できない子どもも増えているという。子供が年々体を動かさなくなり、子どもの肥満や高脂血症が増えているのはご存じの通りだが、運動不足によるこうした「体」への影響だけでなく、「心」への影響が気になる。

というのは、子供にとって、

「遊びは感情表現の重要な手段のひとつ」

だからである。

言葉によって自分の感情を表現する能力が発育途上の子供にとって、体を動かして遊ぶことは気持ちを表現することの手助けになる。走り、声を出し、歌い、描くという遊びの要素は、感情を浄化するのに大切なことばかりである。つらい、悲しい、うれしいというさまざまな感情を、子供たちは体を通して表現する。そうした手段が失われていることは大問題である。

大きな災害や事件に巻き込まれた子供たちがその後、心の傷を残さないために「遊び」という手段を通じて感情を表現し、治療の手助けとすることもある。子供の体力低下と反比例するように、「普段はいい子」が問題を起こすようになった気もする。

子供たちと「遊ぶ」時間、大切にしたいものである。

3　香りは毒にも薬にも

機内で急に刺激臭がして、子供が泣き出した。何事かしらと振り返ると、若い女性がマニキュアを塗りはじめていたのだ。乗務員にやめるよう話してもらった。今度は新幹線。前の席の中年女性がやおらブラシで髪をとかし、これまた強烈なにおいのするヘアスプレーを振りかけたのには呆然（ぼうぜん）とした。狭くて窓の開かない車内ににおいが立ちこめ、目にしみる。これはマナーというより、化学物質に対する意識の低さを表している。

化学物質過敏症で悩む人が増えている。聞いたことがない病気かもしれないが、アメリカでは国民の約１割がそうだという。比較的大量の化学物質にさらされた後、ごくわずかな量の化学物質が体に侵入すると、自律神経失調や目の痛み、鼻、咽頭（いんとう）などの粘膜刺激症状が出たり、精神が不安定になったり、とさまざまな症状が現れる。

化学物質過敏症の引き金となるのは、ホルムアルデヒドやベンゼン、トルエン、防蟻剤(ぼうぎざい)、難燃材など。ホルムアルデヒドは、いわゆるシックハウス症候群で知られる。アメリカでは、攻撃的な学生と教室の空気の鉛濃度とのかかわりが指摘されている。化学物質は、精神にも影響するのだ。

現代生活は、化学物質にさらされている。食べ物には添加物が含まれ、周囲の環境には化学物質が大量に使われている。街で化学物質のにおいをかぐこともしばしばある。化学物質過敏症の方には、前述したマニキュアやヘアスプレーのちょっとした刺激でも、換気の行き届かない部屋などでは大変な苦痛になるだろう。

鼻粘膜の嗅細胞は神経細胞だ。だから嗅細胞の刺激は直接脳に伝達される。たかがにおい、とあなどってはいけない。化学物質のにおいは鼻粘膜を通して脳の辺縁系にも作用する。辺縁系は自律神経を調節する中枢だから、鼻への刺激は全身に影響する。

現代の都会生活、おいしい空気を増やして、心を和らげることについて考えてみたい。そして週1回くらいは、みどりの多い空気の良い場所で思い切り深呼吸してみたいものである。

女性にはよく知られているのに、男性にはあまり知られていないもののひとつに「アロマテラピー」がある。

アロマ、つまり香りのセラピー、治療、というわけだが、香りというとエーッと顔をしかめる男性が多いのは、多分きつい香水を連想してしまうからだろう。

アロマテラピーで使用する精油は、すべて植物からの抽出物だから、化学物質を含む香水とは全く違う。香りを毛嫌いなさっている男性諸氏は、ぜひ本物の精油の香りを体験してほしい、と思う。

アロマテラピーは、主として精油の香りをかぐことによって、症状を緩和したり、リラックスをする療法。ヨーロッパでは約１００年前から本格的に医療にとり入れられるようになったが、古くはギリシャ・ローマ時代から、疫病の予防などに用いられてきたという。現在では、医師が処方し、調剤薬局で薬剤師が精油を管理して調剤するというメディカルアロマテラピーもパリでは行われていて、治療の選択肢になっている。

香りは自律神経に作用する。おいしそうなにおいが漂うと、お腹がグーッと鳴るのは、自律神経に作用して胃腸運動がはじまったからなのだ。どんなに理性でおさえようとしても、香りで反応する自律神経、ということを利用するのがアロマテラピー。

あれこれ思考をめぐらし疲れ切ったときは、香りでリラックスしよう。樹々の香りの中で深呼吸するのでもいいし、好きな花を部屋に飾ってもいい。天気のよい秋の日に、おいしいな、と感じる空気を鼻に、心にいっぱい吸い込む、自分なりのアロマテラピーをどうぞ。

V　大人の感覚を磨く

1　潜在的な力を見直す

料理をつくるとき、お塩を計量スプーンで量って入れますか、それともちょっとひとつまみ、感覚で入れますか。

私は後者。調味料を量って入れたことなどないんじゃないかと思う。

先日料理の説明をしていて、ちょっとひとつまみ、と書いたら、ひとつまみじゃわからない人が多いから、スプーン何杯、何グラムと書いてくれ、と編集者に言われ仰天した。量らないと、ものが伝わらない時代になったのか。

量ることが科学的、ひとつまみは非科学的ともいわれる。そうだろうか。

かつて何かの本で、きっちりスプーンで量るより、ひとつまみ入れた方が料理がおいしいということを料理人が書いていたのを読んだ。

医学的には納得がいく。計量は意識的に行われ、ひとつまみは無意識の力によって行われる。そのときの気温（暑いときには発汗が多くて塩分を失うので、多少塩を多くしたいという無意識の力が働くだろう）、体調、他の料理の種類などにより、体の感覚は無意識にひとつまみの量を微妙に変化させる。それがおいしさにつながると思う。

体の感覚でわかるから、スプーンで量らなくても大丈夫なのだ。でも、そうした感覚を感じとれない場合や、絶対に失敗したくないと意識的に料理をつくる場合には計量する必要がある。

さて、火事場の馬鹿力という表現がある。緊急事態のとき、とんでもない力が出るという意味だが、その理由は無意識の力の発現とでもいえよう。

潜在的にもっている力を使うと、筋肉を壊してしまうから、普段は意識的に抑えて暮らしている。ところが、緊急事態で意識的な抑圧がとれたとたん、無意識部分が優位になり、考えられない力が出るというわけだ。

意識的な部分は人間のごく一部分。無意識にはいろいろな要素が存在している。それは利益になることもあれば逆のことも。大切なのはその存在に気づくことか。

ボストンにいるとき、朝一番にしたのは、地元のＦＭラジオのスイッチを入れることだった。数分毎に流れる天気予報を聞くためである。

冬のボストンの気候は本当に厳しい。寒いのはもう慣れっこだが、天気が変わりやすく、朝晴れ上がっていても昼過ぎから突然雪嵐がやってきて夜はまた晴れて月が出る、みたいなことは日常的。雪の後、夜になって晴れると道はカチカチに凍ってスケート場になる。

ここにきて、２週間で２本の傘が雪で壊された。傘の骨が折れるのでなく、傘が途中から折れて飛んでいってしまったのだ。雪嵐はすさまじく、体重の軽い私は夜、風が強いとリュックの中に辞書やら何やら重いものを入れて飛ばされないように工夫する。

こんな日はアパートに帰りつくだけで精いっぱい。食料の買い出しにも行けないから週間予報を調べて計画を立てる。お天気と相談しながらの生活は不便だが、気づいたことがある。それは「自分の力でどうしようもない相手といかにかかわるか」ということだ。

東京にいるときのように、自分の食べたいものをその日に買うなどということはできない。だから、工夫しながら天気とかかわり、どうしようもないときは「まあ仕方ないか」とあきらめる。そして天気のいい日をうれしく過ごすという感覚が大切なのでは、と思う。

日本では、「お金で何でも買える」と思っている若者も増えている。気候が温暖で、自然を人間がコントロールしているかのように感じ、道具や機械が発達し、何でも便利になった日本ではそう思うのも無理はない。自分の思い通りにならないとイライラするのは、思い通りにならないことや相手とかかわるのに慣れていないからである。

便利さと機械の発達と恵まれた環境故に失ってしまった感覚、退化した感覚は多い。工夫しながら過ごすという、ある種創造的でシステマティックな能力をとり戻したい。

大学で教えるようになったとき、気がついたことがある。学生にちょっとしたテーマを出すと、インターネットで調べた答えを、そのままプリントアウトしてくるのだ。思わず苦笑いしてしまう。

テレビに出ている評論家がインターネットの医療情報をそのまま読み上げていることもあるくらいだから、そんなことは今どきの常識なのだろう。だが、調べものは結果ではなく、それに至るプロセスが大事で、原著を読み考えることで磨かれていく。

このところ、ボタンを押すと答えが出るものが多い。インターネットは、飛行機や宿の手配に使うのは便利だが、そのほかのことで使いすぎは危険ではないかと思っている。人間は、使わない部分がすぐ衰えてしまうからだ。

車社会になり歩かなくなると脚力は衰えるし、成人病が増加する。軟らかい食べ物ばかり食べる子供のあごが細くなってきたのも、よく知られている。何かに頼りすぎたり、使わない部分があるとどんどん萎縮していくのだ。

テレビは何でも解説してくれて、自分で考える間もなく答えを出してくれる。自分で考える力が衰えそうである。

頼りすぎが心配なのは、医者や薬も同じこと。頼りすぎると自分で治す力が衰えてしまう。8割ほどの病気は自分で治せるものだ、などと言うアメリカの医師もいるくらいだ。

私はむしろ、自分の力を衰えさせないようにしっかり使うことが、病気の予防に必要だと思っている。自分でできることは自分でする、できないことは頼るというバランスが大切だろう。薬づけは怖い、と言う人がサプリメントに依存していることもある。

自分がもって生まれてきた体や頭や感性を使おうなどということを時代遅れと冷笑しないでほしい。そう思うこのごろである。

2　いい医療、いいレストラン

ミシュランのガイドブックが話題になり、三つ星のついた店では予約電話が殺到しているそうだ。あなたは三つ星の店に行きたいですか？

以前、あるフランス人と話をしていて、こんなことを聞いた。

「宝くじが当たったとしたら日本人は三つ星店に行くよね。あるいは、誕生日とか結婚記念日とか記念日には奮発して三つ星店に行こうとするでしょ。でも、私はそうはしないし、仲間のフランス人も三つ星には多分行かないな。お金がたっぷりあるときや記念日には、普段行きつけの店でとびきりぜいたくにつくってもらうんですよ」

なるほど、なんとなくわかる気もする。行きつけの店なら自分の好みもよくわかってもらっている。注文もしやすい。コミュニケーションをとりやすいから、おいしいものが食べられるというわけだ。

三つ星料理店は素晴らしいだろう。でも、客は「食べさせていただく」という雰囲気になって、シェフにものを言いづらい。

店優位で客がおとなしく、うやうやしくいただく場合。逆に、客がいばっていて、店が「お客様は神様」とへりくだる場合。レストランというと、こんな両極端のケースが多いのでは。対等の関係でコミュニケーションがうまくいくのが一番なのだが、なかなかそうはいかない。

医療もよく似ている。いわゆる権威ある大学教授などを相手にすると「診ていただく」という雰囲気が漂い、ちょっと自分の希望や疑問を話すのに抵抗があったりする。うるさい患者だと思われたくなくて遠慮もしがち。これがコミュニケーション不全の原因になることがある。

お互いにきちんとものを言える関係がいい結果を生むのは当たり前のことなのだが、つい知名度や権威という格付けに心を奪われてしまう。

自分にとって、本当に心地良い医療や料理は何だろうかと考えてみたいものである。

病院へ行くと、本当はもっと聞いておきたいことがあったのに、うっかり忘れてしまうという方が多い。医師の前で緊張したり、病院内の慌ただしさもあるだろう。

もうひとつの理由として、「もう少し聞きたいことがある」という患者さんの雰囲気を察することができない医療従事者が結構多いのでは、とも思う。聞いてもいいのかなあ、というためらいや遠慮は体からにじみ出るものだ。

しかし、忙しかったり、他に意識が向いていると、それをキャッチできない。いじめに気づかない教師も、悩んでいる子供の気配を察するゆとりがないのかもしれない。

❧

相手の気配を察する、というのは学力ではなく、人やものを観察する力と共感力だが、それを失わせるのは忙しさ以外に何があるのかを考えていた。そんなとき、母校の書店に行く機会があり、学生向きの医学書をめくって驚いた。

イラストが多く、言葉も平易で病気の原因、症状、治療などが個条書きにまとめられている。

「これ、医学書なの？」と聞くと、「今はこんなわかりやすい本じゃないと売れないのよ」という答え。試験にはそれで十分らしい。

わかりやすさが歓迎される世の中、厚い本を読みながら、そこから何かをまとめていくという作業をしなくなっているのだ。

わかりやすくて試験にすぐ役立つかという点では、我々の世代が使った医学書ははるかに非効率的。厚い本を格好つけるために読んでいたわけではなく、そうした書物に記されたすぐに役立たないデータが、ものの表面だけでなく奥に隠された何かを察する力になった。医師になるのも教師になるのも学力は必要だから、試験は大切。しかし、試験のテクニックだけに精通して物事の表面しか見ようとしない人が増えるのは困る。

せめて試験に受かった後、物事をじっくり自分の視点で観察する力を研修してほしいものだ。

青信号で横断歩道を渡っていたら、いきなり目の前を猛スピードで横切った自転車があってヒヤリとした。そして、またか、と思った。

＊

ボストンは自転車を利用する人が多い。大雨や雪の日に乗る人はさすがにいないが、少し気候がよくなると自転車人口が増える。そして日本も共通しているが、不思議なルールで自転車を走らせる人が実に多い。

まず、信号無視。車道を走っているのに、止まった車の横を赤信号でもスイスイ走り抜ける。赤信号になると突然方向を変え、逆方向に突っ走る。一方通行の車道を猛スピードで逆走。車のルールとも歩行者のルールとも違う独自のルールで走るから、気をつけていないとぶつかってケガをする。

東京でもしばしばこわい自転車に出合うので、万国共通だなあと苦笑する。そして、これは一種の「制服効果」だなあ、と思ったりする。

制服効果とは、制服と自己が一体化して、個人の感情や感覚を失ってしまう、というもの。例えば、兵士が制服、戦闘服を着て、整列して行進するとき、個人の感情や道徳観は抑圧されて制服と一体化する。スーツを着てネクタイをしめたり、イブニングドレスを着れば気分が変わり、ビジネスマンやレディのように感じられることでもわかるだろう。いい意味でこれを利用することもできるし、逆のこともある。

自転車の場合、普段車を運転したり、歩いているときには赤信号で止まる人も自転車と一体化してしまい、「どちらのルールにも従わない」ルールで自転車を走らせてしまうのではないだろうか。

自転車を利用する方は、ちょっと自分の心理を観察してみていただきたい。というのは最近、東京では、子供を乗せて「自転車ルール」で走っている女性を見かけて、危険だなあ、と思ったりするからだ。制服効果は、いいことに使いたいもの。ご注意を。

3　ダブルスタンダードの弊害

世間にはダブルスタンダードというものが存在する。そして私たちは、往々にしてそれに振り回されて、不快になったりする。

オーナーと親しい社員だと通用することが一般社員だと通らない、などはその一例。有名人だのお金持ちだの2世だのスポンサーだの政治家がらみだの、世の中にはいろんな「特別待遇」スタンダードがあり、一般人は無念に思うことも多い。

そんなとき、「基準がひとつでウソがない分野」があるおかげで、どんなに心がスッキリすることか。

私は、スポーツはそういう世界であってほしいと思う。タイムや勝敗の基準はひとつ。いくら親が偉くてもお金をもっていても、縁故タイムや上げ底得点は不可能。本人のそのときの実力で勝敗が決まるというのは、なんとスッキリしていることか。

最近はスポーツでも、いいコーチについたり、設備のよい練習場や良質の食べ物でコンディショニングするのにお金がかかる。資本力＝実力のような面もある。だからこそ、私などは、いわゆるサラブレッドではない普通の育ちの選手を大いに応援してしまう。みなさんはどうだろう。

☙

「真実にみえるウソ」の横行するところには、組織としての問題点がある、と書いた。書きながら、本来ダブルスタンダードがあってはならない分野で、最近、次々と「真実に見えるウソ」が発覚していることに改めて気づいた。

司法の分野では、検事、それも優秀な検事の証拠データ改ざん事件があった。テレビでは、始終やらせ問題が発覚する。

研究の分野でも、論文の盗用が発覚したり。大相撲の八百長では、問題の力士も最初はきっと横綱を目指し、目標をもって入門しただろう。検事にしてもテレビマンにしても研究者にしても、いい仕事をしたい、という思いでスタートしたはず。

日本中の各分野で本当らしいウソが増えていることの重さを、もう少し考える必要がありはしないだろうか。

まず、「結果」と「効率」と真実との間には矛盾があることを忘れてはならない。たとえば、研究でピュアなデータを取ろうとするには、手間と時間がかかる。効率とは相反する場合がしばしばだ。数カ月かかっても思うような結果が出ないこともある。当然、所属組織から効率的でない、と批判されれば立場は悪い。

真実の結果を出すことが、生産性とむすびつかない場合もしばしばである。それでもなお研究を続けるのは、「ウソのない分野」を求める研究者の好奇心にかかっている。

大切なのは、組織トップの意識と内部の自浄作用だ。研究を再び例にとるが、異なる分野の研究者たちで、ひとつのテーマをさまざまな視点から研究することがある。こうしたプロジェクトチームは、個々人の孤独感を防ぐだけでなく、お互いデータのチェックができる。これが自浄作用につながる。

同業だが、ちょっと異なる専門分野の人との共同作業。これによる自浄作用が、今、必要ではないだろうか。

4　日本の常識は世界の非常識？

ボストンは東京にくらべるとショッピングセンターも少ないし、いわゆる遊び場が限られている。

ちょっとした息抜きといえば映画館くらいだが、さほど時間にゆとりのない私の楽しみは、カフェを併設した大型書店で、立ち読みならぬ座り読みをすることだ。

買って読むほどじゃないが、でも読みたい本を、コーヒーを飲みつつ読む。その合間に原稿を書いたりするのは、なんとも楽しい日曜の昼下がりである。そんな一冊、「失敗談」をまとめた本にこんなエピソードがあった。

――スーパーマーケットで大きなカートに山のように食料品をのせて歩く女性がいた。そこで自分は、「あら、こんにちは。これからすてきなパーティーをなさるんですね」と陽気に声をかけた。すると女性はニコリともせずに、「昨日夫が亡くなって今日は葬式で人が集まるんです」――笑うに笑えないこの失敗。こんなこと日本人は絶対に言わないだろうな、と思いつつ読んだが、いかがですか。

日本人は空気を読む。

いくらカートに山ほど食料品を入れて運んでいたとしても、その人がニコリともしていなくて暗い気配を感じたら、声などかけないだろう。つらそうな顔をみたらそっとしておく人がほとんどだろう。

こうした空気を読む習慣は相手への配慮にもなるが、逆に過剰に空気を読んでばかりいると疲れ切ってしまう。

組織に勤めていて疲れ切るのは、多くはこうした「空気の読みすぎ」によるものだ。

空気を読みすぎ、周囲に気をつかいすぎ、自分の言いたいこと、やりたいことをおさえこんでいるうちに調子を崩してしまったりする。ほどほどにしたいものだが、伝統的に読みすぎの習慣がついてしまっているから修正がむずかしい。そんなときは、意識的に「空気を読みすぎない」時間をつくってはいかが。普段

「読みすぎ」の方は、そのくらいでほどほどになるはずですよ。

☙

欧米ではまず見なくとも、日本ではごく普通な年の暮れの風景がある。そのひとつが、酔っぱらって大声を出して歩く数人連れの男性たちと、週末のランチに数人でテーブルを囲む女性たちの姿である。

不況とはいえ、日本では、恒例行事の忘年会を外せない職場も多いだろう。アメリカの場合、クリスマスが家族行事だし、「新年」に対する意識も日本とは違う。だから、忘年会のような行事はほとんどない。あるとすれば、職場の仲の良い友人との食事で、職場単位の親睦会はランチが多い。酒席に職場全員が集う例は、少なくとも私の場合、アメリカで経験したことがない。

こうした日本式恒例行事の忘年会や親睦会、あなたはお好きですか?

私は、夜のお仕事ごはんが嫌いなので、若いころからほとんど出席しない。夜の食事では本当に好きな相手とリラックスしたいから、家か友人と一緒がいい。

会社勤めなら、嫌いでも集団行動をとらないと仕事に差し支える。出席しないといけない方は大変だろうと思う。ましてアルコールに弱い方にとって、忘年会はストレスだろう。

日本式親睦会は、実は大抵、真のコミュニケーションの場になっていない。たとえば、集まりの中で地位が高い人だけがしゃべりっぱなし。部下はそれを拝聴し、相づちを打つ。こうした集まりを観察してみると、「しゃべり手」と「聞き手」が固定化されているとわかる。話すのは偉い人、男性、年齢が高い人で、聞き手は部下、女性、若い人というわけだ。

コミュニケーションは、双方向のものでないとフラストレーションのもとになる。日本式親睦会は、実は上司と部下の支配・服従関係の再確認の場で、職場での立場を引きずったままの場合がほとんどではないだろうか。こうした名ばかりの親睦会を変えられるのは、上司の立場にいる方だけ。

今年こそはぜひ。

日本人で、お寿司を嫌いな人は少ないだろう。「スシ」は、今や日本だけでなく、世界中でヘルシーメニューとして人気が高い。ボストンでも、「オスシ」という店名のレストランがある。

✤

握りを食べるといつも、これぞ「コラボレーション」だと思う。たとえば中トロの握り。中トロをおつまみで食べるのと、ごはんと一緒に握るのでは、全くの別物だ。大トロもちょっと炙(あぶ)ってごはんと海苔と一緒にいただくと、単品とは別物。どちらも、中トロ以上、大トロ以上になる。別々に食べるより、一緒にしたときこそ、そのものの力がより以上に発揮できる。これがコラボレーションだ。

こんなにもコラボレーション精神があるわが国で、なぜ研究や政治でのコラボレーションができないのだろう。私はヘルスコミュニケーションという医療情報を一般の方にいかに伝えるかを研究する分野で仕事をしている。アメリカのこの分野では、マスコミ、臨床家、公衆衛生の基礎医学者、社会学者など、さまざまな分野の人が情報交換したり、勉強会やミーティングを開いている。

常々私は、ハーバード大学のヘルスコミュニケーションのチーフから、「どうして日本は、いろんな分野の人が集まってミーティングしないのか」と質問され、返答に窮する。そんなミーティングを企画したい、と思う。しかし、やればどうなるか容易に想像がつき、二の足を踏んでしまう。

参加者がおのおのイコールの立場で接しにくく、すぐ縦型、ピラミッド構造ができる。肩書、役職、社会的地位、知名度で上下関係が固定化する。こうした縦型組織ができやすいのが日本の弱み。企業間は利益を目的にコラボレーションが成立しやすいが、研究だとこの精神が消えるのが残念だ。

＊

文化や育ってきた環境によって、時間に対する感覚や行動様式は様々である。このように書くと、「そんなこと当たり前でわかり切ったことだ」と誰しも思うだろう。

しかし、実際に自分と異なる時間感覚の人と接すると話は違ってくる。イライラしたり怒り出したりすることになる。たとえば、海外で生活するような場合にはある程度心がまえができるものだが、日本国内にいると、なぜか自分と違う時間感覚をもつ人を受け入れきれなくて、ストレスを感じる人が多い。

時間のとらえ方にはMタイム（モノクロニックタイム）とPタイム（ポリクロニックタイム）がある。

Mタイムは、スケジュールをきちんと立て計画通りひとつひとつ用事をこなし時間を守るという特徴をもつ。Pタイムには、いくつものことを同時に進行させ、途中で気が変わると予定も変わったりする特徴がある。

Aさんは都会育ち。企業で働いてきたが、結婚して夫の実家近くに住み仕事をやめた。実家は地方にあり、義理の両親も弟も時間にルーズなのだという。一緒に出かける約束をしても、途中で近所の人が訪ねてきたという理由で2時間も待たされることがある。夫からは実家の仕事や付き合いはしなくていいと言われているものの、あまりの時間感覚のずれに将来が不安になっている。

Mタイムで生活してきた人には、Pタイムで生活する人のルーズさは許せないと感じるかもしれない。しかし、Ｐタイムには人間関係を大事にするという特徴もある。時間ですっぱりカットできないために遅れてしまうことがあるからだ。

おのおのに良さがあり不都合さがある。

かつてアメリカから帰国した女性がこんなことを言っていた。

「ＮＹで検査を受けたら、まだ麻酔が切れてないのに時間だからって帰されちゃった」

時間厳守にもこんな困った面がある。

Ⅵ　自分らしさを貫く

1　「女らしさ」の壁、「男らしさ」の鎖

この春大学を卒業し、仕事をはじめたAさんは今、複雑な気持ちで日々を過ごしている。他大学を同時に卒業した恋人のBさんが内定とり消しになって正社員になれず、アルバイトとして働きはじめたからである。

将来結婚しようと約束した二人なのだが、関係がすっかり変わってしまったと、Aさんは嘆いている。Bさんは成績も優秀で早くに内定が出ていたため、他の会社のことを調べてはおらずショックは大きかった。

自分の責任ではなく、急激な景気の変化が原因なのにもかかわらず、Bさんはプライドを傷つけられたようなのだとAさんは言う。慰めようとしても逆に彼を不快にさせるのではないかと気を使い、そのわずか数週の間に、彼は冷淡になってしまったのである。

はじめての給料日を前に、彼は自分より給料が多いと思われるAさんに皮肉な

発言をするようになり、彼女もいら立つことが多くなって結婚への思いも薄らいでしまった。Bさんは、彼女より給料が安くて正社員でないことが精神的な負い目になったのである。

逆の立場だったらいいのにとAさんは言うが、確かに男性は「女性よりも稼がないとダメ」という心理に縛られているものだ。学歴、収入、社会的地位、仕事能力、すべての面で女性、とくに交際相手より勝っていないと不安になったり不快になったりしやすい。

男性は自分より稼いだり仕事のできる女性が嫌い、といわれている。よほど自信がある男性か、あるいは依存的で、できる彼女に頼ってしまおうとする男性以外は、こうした男性優位心理の呪縛から逃れられない。

女性の方が収入が高いカップルに別れるケースが多いのはこうした理由だろう。この心理、女性にとっても、できるくせに彼の前ではできない女を演じなくてはいけないというストレスをつくり出す。もうこんな束縛から脱却したいものである。

Cさんは30代。卒業後ずっと仕事を続け、そろそろ子供をもとうとしたところ、夫に問題があり妊娠が難しいことがわかった。

義母にもそろそろ孫をと言われているが、夫の体について話すのははばかられる。言葉をにごすと、自分勝手な嫁と言われて悲しくなった。夫に愚痴を言うこともできない。たまたま大学の同級会で恩師に会い、思わず離婚しちゃおうかなあ、と愚痴を言ってしまった。

ところが恩師は「あなたってずい分冷たいですね。私の知人の男性は妻が原因の不妊だけれど、子供をほしくて結婚したわけじゃないと妻を励ましていますよ。しっかりしなさい」と逆におこられてしまった。

Cさんは本心で離婚を口にしたわけではない。実際夫を気づかい、夫が原因の不妊であることを義母にも話していないのである。しかし、そのために悪者のように言われ、揚げ句の果てに恩師にまでそう言われ、ますます気分がめいってしまった。

Cさんは「そう、大変だよね。でも子供がいなくても、いい関係をつくっていってね」という共感と励ましがほしかったのである。

子供だけが結婚の目的でないのはCさんもわかっている。だが、子供をもたない夫婦は、「どうして？」という目で見られることも多い。そして、矢面に立つのは常に女性だ。

Cさんの恩師は男性の例を挙げて比較したが、子供をめぐるプレッシャーと社会的ストレスは、男女で著しく異なる。女性に対するプレッシャーは比べものにならないほど大きいと認識してほしい。また、あの人はこうなのだからあなたもこうしなさいなどと、人の生き方や考え方を比較するのはもってのほかだ。

自分がこうしたいと思ってもそれができないつらさ。そして、どんなに努力しても不可能なことを抱えているつらさを思い、ともにそれを受けとめようとする心を忘れたくないと思う。

内閣府のアンケートで「男は外で仕事　女は家を守る」という意見に賛成の人は、反対の人より少なくなったという報道があった。大学の教育学部で教鞭（きょうべん）をとっていたころ、学生たちにアンケートをとっても同様の傾向があった。

しかし実際、自分のことになったらどうだろう、と疑問を感じる。というのは、診療現場では「やっぱり女性が譲歩しなくちゃ」と考えたために体に負担をかけすぎ、結局、精神的なバランスを崩して病院に通う女性が多いからである。

✻

かつて、女性の社会進出が盛んになりだしたころ、こんなことがあった。その女性は結婚後も仕事を続けることにしたのだが、結婚を機に夫の実家近くに引っ越した。通勤は片道2時間15分。でも、夫の母が買い物などを手伝ってくれる約束だった。負担感は強かったが、そのうち慣れるだろうと頑張った。

が、往復5時間近い通勤はやはりきつく、家に帰るとへとへと。とても家事をする体力、気力がない。しかし、買ってきてくれる食材を無駄にはできない。と思いながら頑張って半年、めまいが止まらなくなり受診することになってしまった。

さて、こんな話をしながら、学生に「どうすればこうした症状が予防できると思う？」と尋ねたところ、女子学生の一人から即座に「女性が仕事をやめればいい」という答えが返ってきて私はかなり驚いた。

そこで「その女性はとても仕事が好きで、仕事をすることで社会に貢献している場合はどうするの？」と質問。すると男子学生から「夫婦で話し合い、通勤時間が少なくなる場所に引っ越していたらよかったかもしれない」という意見が出た。

譲るという行動は美しい。でも、それが美しいのはお互いを生き生きさせるためだ。一方的な譲歩が症状を生むこともある。そして何より、本音と建前が違いすぎる現状にも目を向けたい。

＊

1986年に男女雇用機会均等法が施行され、「働く」ことが女性の生き方の選択肢のひとつになった。それまでは結婚して妻になり、母親として家庭を守る、ということがほとんどの女性の生き方とされていたのである。

実際、私が医師として働き始めた当時、出張先の病院の医師から「女を働かせるなんて、男の気が知れない」と言われたのをはっきり覚えている。そのころ私は結婚したばかりで、その先輩医師は暗に「結婚したら仕事しないで、奥さん業をするものだ」と言いたかったらしい。

そのころ、働き始めた女性たちは精神的に葛藤していた。仕事場では男性と同じようにしなければ、一方、家庭ではよい妻、よい母でいなければ、という思いで過剰に頑張りすぎて体調を崩す女性たちは「スーパーウーマン症候群」とよばれたりした。専業主婦の女性たちもまた、自分たちの生き方は妻であり母であるだけでいいのだろうかと考えたり、悩みはじめていた。

その後、女性たちは自分の生き方をどう選ぶかについて考え続けてきた。というのは、専業主婦の女性たちが子育て後に空虚な思いに陥る「空（から）の巣症候群」が指摘されたり、子ばなれできず、いつまでも母親という役割を手放せないことで、子どもの自立をはばんでしまう女性たちをまのあたりにしたからである。

妻であり、母であっても、よい妻、よい母だけでなく、自分のできることをして自分らしく生きたいと考え、またそうすることが自分だけでなく、子どもや夫、社会のためになると気づく人たちが増えてきた。女性たちがこうした結論にたどりつくまでには、86年以来30年以上にわたる背景と歴史がある。

「妻と母だけが唯一の生き方」という時代のもっていた社会通念は、今でも人々の意識を縛って葛藤を引き起こす。それでも、女性たちは何とか妻と母だけでない「自分ができることをして社会参加する」生き方を模索している。これはぜひ理解してほしいと、ずっと現場で女性たちの悩みとかかわってきた私は思っている。

さて、動画配信サービスの番組で流れた歌「あたしおかあさんだから」が、ネット上で批判され大炎上した。ヒールをはいてネイルをしていた女性が、子どもが生まれて爪を切り、走れる服を着て、夜中に遊ぶのをやめ、全生活を子どもにささげることが喜びという歌詞だ。この歌詞のように生活したら、子育て後、空の巣症候群になるだろう。子どもは、よい子でいなければという重圧を感じるだろう。

そして何よりも、女性たちはヒールをはいて長い爪をして夜遊びをしたいわけではないことに気づいてほしいのだ。多くの女性たちは、遊びたいのではなく、「お母さんだけでない」自分らしい生き方を求めている。それが理解してもらえないことに、怒りを感じているのだと思う。

⁂

最近、20代、30代の女性から続けて同じような内容の相談をうけた。それは夫の「育休」についての悩みなのである。30代のDさんは初産で育休中。夫が育休をとるといった時は嬉しかったが、実際育休に入ると「これは違う」と感じたのだという。夫はお手伝いはしてくれるが、言われたことしかしない。子どもをちゃんと見ていて、と頼んでも、ちょっと目を離すとスマホでゲームをしながらだったり、居眠りをしたりしているので安心できない。そのことを指摘すると不機嫌になってしまうので、我慢するためにイライラしてしまうのだ。これは育児を共にするのではなく、単に仕事を休んでいるだけなのでは、と思ってしまうそうだ。家事の分担を頼みたいのだが、食器洗いはきちんとできないし、料理も全くダメで、しかもそれを習得する意欲もみられないので、かえっていない方がいいとしか思えないということだった。

20代のEさんも同様な悩みをもっていて、一度、夫の母親が遊びに来た時にその悩みを口にしたら母親は途端に表情がかわり、「夫が手伝っているだけありがたいと思わなければ」と言われてショックをうけたそうである。Eさんもフルタイムの仕事を育休中なので「自分も働いていて、育児は夫と妻が共同で行うものなのに、なぜ夫は手伝いだけという意識しかないのか」という思いだった。とはいえ、2人の女性はいずれも「『とるだけ育休』の男性が3割くらいもいるから仕方ないか」と思ってあきらめている。しかし、あきらめながらもどこか納得できない思いがあり、イライラすることもあるのだ。

育休といっても、たった数週間程度の休みで何ができるか、と思っている女性もいるのは事実だ。家事育児が全くわからず経験もないことが多い男性が数週間家にいても、できることは限られているだろう。だからこの期間は、何かを達成するというのではなく、「基本的な家事育児についての知識を学び、妻のしている家の仕事を理解する」という学びと、研修期間としてとらえるのが適切ではないか、と思う。夫は妻がしている家事育児をしっかりと観察し、自ら学ぶ姿勢をもちつつ、妻の仕事を理解しては、と思う。

一方、妻の側も、夫はこれまでいつも母親から「してもらって」育っていることが多いので、自分が相手に「してあげる」、という視点にたてないことが多いのに気づいてほしいと思う。「言われなくても必要なことを察知」してほしいと期待するものだが、多くの夫は言われないとわからない。面倒でも「してほしいこと」を伝えることをあきらめずに維持してほしいと思う。育休期間に夫が家の仕事を理解し、その基本的なスキルを身につけると、妻の負担についての共感も生まれ、妻のワンオペ育児の心理的負担も軽くなるだろう。「とるだけ育休」にならないために、育休前に夫と妻がどう育休を過ごすかについて話し合うことも大切だ。

2　性差の役割を超えて

30代半ばのF氏は専業主婦の妻と1歳の子供と3人暮らし。妻は子育てで疲れ気味のようだが、F氏は家事を手助けする気が全くない。「自分は外で仕事をしているし、家事と子育ては妻の仕事で、妻も納得している」という。

F氏によると、男が台所を手伝うなんてとんでもないことで、外で仕事をするのは「さみしい女」、妻に仕事をさせる男は甲斐性がないのだという。一方、50代のG氏は共働きで食器の後片づけを手伝うことに抵抗がない。

いわゆる性別による役割分担意識というのは、年配だから強いというわけではなく、その人の育ってきた環境によるようだ。前述のF氏はおじいちゃん子で育ち、「男は台所になんか入るな。そんな時間があったら勉強しろ」と言われてきたそうだ。

一方、G氏の父親は積極的に料理を楽しんだ人なので、G氏は「調理するのがカッコイイ」と子供心に感じたことが多かったらしい。F氏の家庭のように、夫も妻も性別による役割分担、男は外で仕事、女は家で家事子育て、ということでオーケーなら、とやかく言うことはない。

だが、妻が自分も仕事をしたい、と思っている家庭では、この意識がトラブルのもとになる。また、過剰な分担意識は妻が子育てを一人で抱え込んでストレスに陥ったり、夫が仕事でうまくいかないとき一人で追いつめられたりということにも及んでいく。

私が教えている大学のゼミ生が、「父は自分の靴下の置き場所も知らない」と嘆いていた。男性だっていざというとき、自分の下着の洗濯や皿洗いくらいはできた方がいい。

男は勉強すればいい、と勉強部屋に閉じこめず、女の子も男の子も義務ではなく、一緒に楽しく料理をつくったり、片付けたりという機会をもってはどうだろう。共につくり、共に食事をするという時間の中で、心を触れ合わせることもできるように思う。

ずい分前に「私作る人、ボク食べる人」というCMがあった。たしかなにか食品メーカーのもので巷（ちまた）で問題になったなあ、と思い調べてみたら、１９７５年にテレビで放送されたインスタントラーメンのCMで、当時参議院議員だった故市川房枝さんらが「男女の役割分担を固定化してしまうもの」と抗議し放送が中止になっていた。もっとも当時、大多数の反応としては、そのままでいいではないか、というものだったそうである。もう40年以上前のことを何故思い出したかというと、「役割の固定化」ということについて考えていたからである。

料理は誰が作ってもいい。そこにいる人が食べたいな、と思ったら作ればいいわけで、男性でも女性でもいい。でももし、食べたいな、と思っても、男性が料理ができなくていつも女性に頼っていたら大問題だ。実は今、そんな状況がおこっていて相談をうけることがしばしばなので、40年以上前のCMを突然思い出したのである。定年後の夫が、食事作りはおろかお茶一杯いれることができなくて、毎日朝からテレビをみているのでイライラするという女性、夫が食事を作ることができないため、外出するときもいつも作っておかないといけないので疲れるし、後片づけもしないのでゆううつになるという女性もいる。やらなければ夫も仕方なくするようになりますよ、などと話すのだが役割の固定化が長い間続いていることが背景にあることは明らかだ。40年以上前、あの問題のCMが流れたころ若者だったカップルが、今問題をかかえている夫婦になっているのかもしれない、などと思う。

「夫が家事ができなくてイライラ」はなんとか乗り切れるかもしれないが、深刻なのは、高齢で妻ががんなどの病気にかかり、家事ができなくなった場合だ。夫はそれまで全く家事をしたことがないし、自分のくつ下がどこにあるかもわからない、などという時は、妻の介護どころではなくなってしまう。これまで完全な役割分担で、固定化して過ごしてきた問題を、今どのように収拾すればいいのだろうと考えこむことがある。一方で、働くのは男性、という役割が固定化している場合、夫が働けなくなれば生活が困窮するということもある。家事をするのも働いて収入を得るのも、夫、妻どちらでもいいが、どちらか一方に固定してしまうと、どちらかが病気などになった時に、家庭を維持できなくなってしまう。家族以外からの手助けをうける場合にも、全く何もできないと、サポートが十分ではなくなるのだ。何事もなく年をとれれば問題はおこりにくいが、これから高齢化がすすむ社会では役割の固定化を見なおす教育も必要だろうなどと思う。

❧

Hさんの息子は今年4月、実家から離れた大学に入学。大学の近くで一人暮らしをはじめた。

これまで全く家事をしたことがなかったのでHさんは心配していたが、半年が過ぎたら息子はすっかり自立しており、驚いたそうである。

ワンルームの小さな台所で野菜の煮物をつくり、洗たくをしてきちんと干し、アイロンまでかけるという。これまで栄養のバランスなど考えたこともなかったのに、バランスのよい食事をとるようにもなったそうだ。「誰もやってくれないと、案外自分でやるものなんですね」とHさんは言う。

ボストンにも多くの日本人学生がいるが、男子学生でも家事をきちんとできる人が多い。アパートでみなで食事をしたら、自分の使った食器を流しに運び、さっさと洗っている姿を見かけた。一人暮らしをしているうちに、男性でも自分のことは自分でできるようになるようだ。過保護にしすぎないことは家事にも好影響を与えるらしい。

ところで、ボストンで暮らしはじめたとき気づいたのは、仕事と家事の両立が日本より楽だということである。なぜだろうと点検してみると、食材、とくに野菜が調理しやすいようにして売られているのが一因だった。

東京で野菜の煮物をつくろうとすると、一種類ずつ野菜を買い皮をむくという作業が必要だが、ボストンのスーパーには少量ずつすぐ調理できる状態で各種の野菜が置かれ便利なのだ。またサラダバーが充実していて、日替わりでサラダや前菜が購入できるのも助かる。スーパーには男性も食材を買い出しにきている。「男性でも家事に参加しやすい」食材が多いのである。

コインランドリーの乾燥機も約1時間でふんわり仕上がり、洗たく物を干す必要がない。男性が家事に参加するのは意識の問題だけではなく、特別な技術がなくても家事ができるシステムにも一因がありそうだ。

❧

ベストマザー賞を受賞した女優が週刊誌を騒がす騒動を起こしたことがネット上で取り上げられている。騒ぎになって改めて、そう言えばそういう賞があるのだと思った。

そもそも「いい母親」というのは子どもにとってどうなのか、という問題だからそれぞれ感じ方は違うものだ。子ども以外が評価できるようなことではないだろう。ベストドレッサー賞のように周りが見て決められることならいいけれど、俳優やタレントがコマーシャルやドラマ、映画で演じるいい母親、いい父親のイメージが強烈なら、それがそのままその人の実像としてとらえられてしまう可能性が高い。

もっともドラマに登場するステレオタイプのようないい母親が現実に「いい母親」かというと、そうとも言えないこともかなり多いと思う。

それと同様に、一般的に見て「よくない母親」が子どもにとり「よくない」のか、というとこれにも疑問がある。つまりいいか悪いかをはたから判断するのは極めて難しい。

ベストマザー賞は、一つのイベントで世間に関心をもってほしいという趣旨で行っているわけだと思うから、今回の女優さんの問題行動についても「ベストマザー賞をもらっているのにそんなことを」と非難するより、いい母親とはなにか、と考えるきっかけにしてはどうだろう。

家庭の中のことは、はたから見ているものとはかけ離れていることがしばしばだ。私はそうした実情を見ることがある。

例えば、フルタイムで働きながら子どもを育てているシングルマザーが洗濯や掃除が行き届かず周りから母親失格と非難されることがある。

ただ、この女性は家事は完璧にはできないが、子どもとのコミュニケーションは素晴らしく、子どもは母親を大好きで尊敬している。完璧な家事を基準にするなら、いい母親とは言えないが、子どもとの関係性という点では素晴らしい母親ではないだろうか。

それで思い出したのは、15年ほど前、文科系の大学でダイバーシティー関連の講座を持っていた時のことだ。家庭と仕事の両立に関するディスカッションを行い、学生の意見が「子どもが小さいころ、母親は家で子どもを育てるのが望ましい」という方向に傾いた時のことだ。

一人の女子学生が手を挙げ「私の母はシングルマザーで働きながら私を育ててくれました」と話し始めた。小さいころから一人で留守番したりして母親の帰りを待っていたが、さみしくはあったがつらくはなかった。母と一緒にいる時間は短くても何でも話し合えたし、何より母親をかっこいいと思っていた。いいか悪いかは単純に決めることはできないし母親の生き方を尊敬している。話し終わると教室内に拍手が起きた。

その学生は確か総代で卒業して希望する企業に就職した。彼女にとり母親は「ベストマザー」なのだ。

＊

東京五輪・パラリンピック大会組織委員会の森喜朗会長の女性蔑視発言をめぐり国内外の批判が続き、日本がかかえる問題を象徴している出来事だと思った。

この発言がとんでもない女性差別であることは明らかだが、発言が不適切と批判することだけでなくもっと深い部分にある日本のジェンダーにかかわる病理についてこの機会に考えて真剣に向き合わないと日本の未来は非常に厳しいものになってしまう。いや、今でももうすでにかなり厳しい状態になっていることに気がついてほしいと思う。

ジェンダーという言葉を耳にすると、嫌な気分になる人はかなり多いのだ。ジェンダーとは社会的に作られた性差のことだが、この言葉で、「うるさい女」を思い浮かべるという人もいる。

確かに日本の女性の美徳とされてきた「控えめでおとなしく人に従う」女性像と「自分の意見はきっちり伝える」女性像とは相反するように見えることが多いかもしれない。

しかし、自分の意見をきちんと伝え他人への配慮をしつつ相手を尊重することは両立できるし、今、組織のトップにいる数少ない女性はそのように仕事をしているはずだ。ただ周囲への配慮をしながら働く女性たちの実情を知らない男性が多い。

森会長の問題発言は、約10日を経てやっと決着がついた。その間、多くの方たちで根回しして対処を調整していたのだろう。そもそも問題発言がこのように大きな波紋を呼んだのは、海外のメディアや大使館が問題をとらえ、周りからメッセージを発信したからだと思う。

つまりこの問題の根は、外から言われないと自分たちでは動けないという意識の低さの露呈である。これが国内の大会の問題なら、森会長の発言はおそらく大した問題にならなかっただろうと思う。にやにや笑いながら「うるさいおばさんはいなくていい」などと裏で言いつつ、シャンシャンと終わらせていたに違いない。

自分では、それは違う、と言い出せない、そして批判しても大丈夫だと思った途端、批判を始めるというのは「後出しじゃんけん」に他ならない。批判するなら、返り討ち覚悟で最初に言い出す勇気がなければ社会は変わらない。

私は診療の現場で、問題発言に悩む女性たちから話を聞いている。産業医として組織にフィードバックをし改善を求めても、「その男性は仕事ができる人だから」「この方に対しなにか意見を言えるような人はいません」などという回答が返り、うやむやにされることがほとんどだ。

女性が意見を言えない、そのことを問題にしようとしても問題にならずうやむやに終わり、しつこく言い続けるとスポイルされるという現状があり、ストレス要因となっているのだ。自分たちでレッドカードを出せる人が増えないと、と思う。

3　悩みや苦しみの先に

29歳から30歳を少し過ぎるころの女性は、環境要因のストレスでしばしば悩んでいるようだ。

仕事をしている女性にとっては、「もう新人ではない」という思いがある。甘えや失敗が許されない立場になってくる。かといって、まだ「キャリアがある」とはいいがたい。40代のキャリア組からは、未熟なひよっ子とみなされてしまう。

周囲から、結婚はまだなのと聞かれるのも負担になる。女性の生き方の選択肢が広がったとはいえ、同年代ですでに結婚し、子育て中の人もいる。独身で仕事をしていれば、これでいいのかしらという不安も出てくる。女性の昇給率は同世代の男性に比べて低い。だから、同期入社の男性がステップアップするのを見ていると、このまま仕事をしていても結局はあまり期待されずに終わるのではと思いはじめるころでもある。焦りと不安が生じてしまう。

仕事をしている女性ばかりではない。家庭に入った女性も同様で、子供がいなければ早くしないと高齢出産になるのではと焦るものだし、子育て中なら育児という環境の変化に戸惑うことも多い。

お肌の曲がり角という言葉もあったが、30代に入るころ女性はこうした壁にぶつかるものだ。昔はみんな仲良しだったけれど、最近は生き方が違ってきて、仕事をしていると子育て中の同級生と話が合わないし、なんだか仲間はずれにされてるみたいでさみしい、とIさんは言う。

同じ生き方をしているグループでかたまってしまい、他の生き方をしている人たちと交流できにくくなるのもストレスになる。友人関係が大きく変わるのもこの年代。自分でこのころをふり返っても、焦っていたなあ、と思う。年だけは30代になろうというのに、仕事ではまだまだ未熟というのがその原因。そんな経験のあるあなたは、この年代の人たちの悩みを聞いたらぜひ、焦るな、と声をかけてほしい。

大学3年のJさんは同世代の女性とはちょっと違って、おしゃれや買い物に興味がない。文献を読んだり研究の話をするのが好きだ。

だから同級生と話が合わない。それでも、周囲から「浮いて」しまわないように、無理してファッション誌に目を通し、みんなと同じような流行のスタイルを心がけてもいる。しかし、そんなことをする時間がもったいないように思えてしまう。

そのJさんが昨年夏、アメリカに短期留学したところ、勉強だけに集中できてとても快適だったという。何よりうれしかったのは、留学生の中に学問の話をできる人がいたこと。アメリカ人学生との交流でも専門分野の会話で刺激を受け、将来は研究者になりたいと決心したそうだ。

日本にいると、「勉強ばかりしている女の子なんてつまらない」と言われがちだ。でも、アメリカだと大丈夫みたい、とJさんは言う。

ところが、最近アメリカへの長期留学が決まったところ、母親から「あなたみたいな子はアメリカだって受け入れられないわよ。強制送還されるんじゃない」と言われ、さみしくなった。さらに、それをゼミの教授に話したら「悪気で言ったわけじゃないだろう。そんなことで落ち込むなんて度量が狭い」と言われ、ますます嫌な気分になってもう誰にも相談しないと心に決めた。

Ｊさんの話には二つの問題点が含まれている。ひとつは、多様な生き方の選択肢を認められない気持ちがふと出てしまった母親の一言。もうひとつは、さみしいＪさんの心に共感できなかった教授の言葉。その二つがＪさんの心を閉ざしたのだ。

今の時代でもなお「学問に興味をもつ」若い女性は「ちょっと変わっている」と見られる。本当に残念だ。もし周囲にそんな悩みをもつ後輩がいたら、ぜひ味方になってほしい。自分とは違う生き方をし、違う興味をもつ後輩を受け入れられる社会になってほしい。

医療関係の仕事をしているKさんから元気に過ごしているという便りをもらい、15年ほど前のことを思い出した。そのころKさんは短大を中退後、体調が悪いと言ってほとんど家で寝たきりの生活を送っていた。とくに疾患はないのだけれど学校へ行こうとするとめまいがしたり気分が悪くなる。バイトも続かない。自分は体が弱いからという理由で毎日憂うつな気分で食欲もなかった。

うつ病とよく似ているが微妙に異なるディスチミアと呼ばれる状態。いわゆる抗うつ剤などはあまり効果が上がらないし、うつ病ほどはマスコミも取り上げないから知っている人も少ない。だから往々にしてうつ病と診断されて投薬、休養という対処をされることが多い。しかしこの方法では効果が上がらないこともしばしばだ。

Kさんの場合は、薬よりカウンセリングを主体にして自分が興味のもてることを探していくことにした。数年後、Kさんは4年制大学の通信教育を受けながら自営業の家業を手伝うようになり、両親の病気によりその介護までするようになった。そして15年後の現在は医療関係の資格を取り、今度は人を手助けする生活を送っている。

苦しい思いを経験しているからこそできることがあるだろうと思う一方で、Kさんの成長は「仕事を通じて」培われた部分も多いように感じた。医療の仕事というのは、相手の立場に立って気持ちを想像したり、共感したりすることが不可欠である。最初は仕事だからと仕方なく「相手の気持ち」を想像しているうちに、中立的な、自分中心でないものの見方も養われてくる。Kさんも仕事を通して自分を成長させてきたのだろうと、便りをうれしく読み返した。心の医療はスピード重視の今、恐ろしく時間がかかるように思われがちだが、世の中に一人、温かい心を伝えられる人を送り出した喜びを感じた。

4　平凡であること

権威や権力にはおよそ無縁で、横浜のはずれで小さな医院を開業していた私の父は、スポーツ中継を見るのが好きだった。

しかし華々しいスター選手は嫌いで、地味で裏方のようなプレーをする選手や小兵で頑張るものの負けてしまう選手を応援してはくやしがるのだった。

私が中学1年になった年、親戚の結婚式があり、父がスピーチをすることになった。

私も大人の仲間入りをということで、はじめて宴に招かれた。

その親戚は一族の中でも出世頭で、新郎の父親は一部上場企業の管理職をしており、重役を目指して出世街道を進んでいた。

その披露宴で父はこんな話をした。

人生の幸せは平凡であることとです。とくに何も変わったことがない平々凡々とした生活を馬鹿にしてはいけないよ、出世や名声を求めるより大事なことがある。

聞きようによっては嫌味にもとれる内容だが、父のそのときの声の真剣さは、まだ子供だった私にも胸にずしりと響くものがあった。そうした華々しい席でスピーチした父を見たのはこのとき一度きりだ。

若いころは地位や名声を目指すもの。父の言う「とくに変わったことのない平々凡々な生活」が消極的に感じられることもあった。

父は喉頭がんが全身に転移して1990年に亡くなった。

自分が死んでから読むように、と、私は1冊のノートを渡された。父が亡くなってすぐには開く気になれず、半年たってノートを開いてみた。そしてはじめて父がヒロシマを体験したことを知った。

原爆投下直後に広島に入り、そこでボランティア活動をしたために二次被ばくし、それがきっかけで体調を崩して結核になったことも知った。それは父だけの秘密で、母さえ知らない事実だった。

そうか。

すべてのことがつながり合点がいった。父は地獄を見てきたのだ。

語るにはつらすぎることを心にしまいこみ、ただ特別のことのない平凡の中の幸せを伝えたかったのだろう。

「変わったことがない、というのは幸せなことなんだよ」

父のそのときの声は今でも耳に残っている。

❧

帰宅途中で近くのスーパーに季節限定のアイスクリームが並んでいるのを見つけた。心が動いたが、荷物が多かったので、あとで買いに来ようと思って帰宅した。

翌日の帰りに寄ってみたら、もう売り切れている。かなりたくさんあったと思い安心していたが、甘かった。この暑さでアイスクリームの売れ行きがいいのかもしれないが、それにしてはほかの定番アイスは残っている。季節限定、という言葉に弱いのはどうやら私だけではなさそうだ。

限定といわれると、数が限られているから急がないとなくなる、と思う。アイスクリームに限らず化粧品でも限定商品は予約が殺到するようだ。限定という言葉は、商品やその日限りの割引セールなどさまざまな場面で使われている。

この言葉をうまく日常で自分のこころの改革に使えないものだろうか、などと考えた。楽しみながら使えそうなアイデアが浮かんだので実行してみたらどうかと思った。

まず自分が抱えている問題点を思い浮かべる。例えば、すぐ自分はだめだ、と考えてしまう癖がある、とか、自分はかっとなるとすぐ言葉に出してしまう、とか、自分は上司や目上の人がいるとびくびくしてものを言えなくなる、とか、自分は面倒くさそうなことがあると先延ばしにしてしまうなどなど。

自分が抱えている問題点で、今一番気になることを一つ選ぶのだ。私は今暑さもあり、ものごとが先延ばしになる傾向があるのでそれを選ぶことにした。

そして「今日限定」でそれを修正するのだ。

いつもは無理だが、今日限定で先延ばしにしないことを実行するならハードルが低い。今日だけは先延ばしにしないでものごとにさっさと取り組む。夕食の支度も食器の片づけも、郵便物を出すのも、今日だけだと思うなら気楽にできたりするから不思議。限定の魔力だろうか。

毎週締め切りがくるこの原稿も、取り掛かるのが早くなり締め切りに遅れないで済みそうだ。

ただし、その日限定のテーマは外的なものではなくあくまで内的な内容だ。何をするか、ということではなく、どういう気持ちで過ごすか、というものだ。

今日だけは、人から嫌なことを言われてもめげずにいよう、今日だけは、イライラしないでおおらかな気持ちで過ごそう、そんなふうに気持ちの上でできる限定プランを考えて日替わりでひそかに実行すると、気持ちがすっきりしてくるはずだ。

今日だけなんて意味がない、という人もいるが、今日という日は人生の中の大事なひとときだ。そのひとときをいい気分で過ごすことの連続で人生が出来上がる。

日替わりメニューを考えるのは結構楽しい。そして自分の問題点をその日限定で克服していくのも楽しい。

思い出話というものをしたことがなかった。「あの時、ああだったよね」と話して笑い合ったり、懐かしんだりするのを聞くのは嫌ではないが、自分から過去のことを話そうという気になったことがない。生年月日による星占いが趣味の友人によると、私の生まれ月は、「前しか見ない、後ろを振り返れない」傾向があるのだそうで、その根拠はともかくこれまで思い出話はすることがなかった。

さて、この春16年同居した猫のふーちゃんがなくなり、その経緯を新聞のコラムで書かせていただいたのだが、連載を始めて以来最も多くの反響があり、ずいぶんたくさんの方が同じような思いを共有しているのだ、と感じて驚いた。

いただいたお手紙の中に、ご自分も同じように猫をなくされたが、猫が死を受け入れ怖れることなく旅立つのをみて、自分ももう死を怖れるのをやめて一日一日を大事に過ごそうと思い、生と死に対する考え方が変わった、という内容がつづられていて心に沁みた。

また、私が産業医をしている企業に勤務する女性は、まだ20代の、就職が決まり働き始めたばかりの息子さんが非常にまれな悪性腫瘍と診断され、入院し化学療法をうけていた。息子さんの大好きな猫を家で飼おうと、家族で「保護猫」をえらびひきとってきて写真をスマホで病院に送ったら、息子さんは酸素吸入をうけながら、Vサインをつくり唇で「ナイスチョイス」と伝えた。猫をひきとってきたその日の夜、息子さんは亡くなった。

「退院したら抱かせてやりたかったのに」という猫について「その猫が家に来てからの日数は、息子が亡くなってからの日数でもあるのです」と女性は話してくれた。

新聞のコラムを読んだ方からいろいろな場所で、猫にまつわるさまざまな話をきいた。また多くの方から私と猫の話について問われることがあり、猫との最後の1週間の話をすることになった。思い出を少しずつ振り返る。何を感じ、何を願い、何を共有し、どう受け入れ、どのように過ごしたか。さみしくても悲しくはない、という、体験したことのない思いを教えてくれた猫にどんなに感謝したか。共に過ごした日々をどんなに愛していたか。思い出話である。すると、不思議なことに、思い出話は、過去のことではなくなり、「今」になる。過去と今がつながり、失ったものは何もない、という感覚が生まれてくる。

大切な人や、愛する対象を失うことはつらい。しばらくは思い出話はできないだろう。でもある時、大切な人や、共に暮らした仲間との幸せな日々や言葉を振り返る時、その瞬間、思い出は過去ではなく、今になり、私たちを支えてくれる。思い出話は、過去と今をつなげるタイムマシンで、私たちの生きる姿勢を支えてくれる。

心が通じ合える仲間との「思い出話」は、長く生きた者に与えられる宝物のようである。

⁂

音楽でも本でもそうなのだが、難解な作品を難しい顔をして聴いたり読んだりすることをよしとする人が多い。寓話はそうした人たちからは子ども向けとされたりする。

頭が硬くいまだに「男は外、女は内」と考えている男性などは、わかりやすく書かれた作品を「女子ども」の読み物などと言ったりする。

しかし難しい学問を正確にそして適切に伝えるのは実は技術と相手に対する配慮を要することなのだ。すっと相手の心にしみ込むような言葉で文章を作ることは、難解なまま物を伝えるよりよほど難しいことがある。私は童話や寓話が大好きでその中に潜む真実を感じる時作者に対する尊敬を禁じ得ない。心理や哲学をこれほど実生活と結びつけて表現できるということを素晴らしいと思ったりする。

その中で私が好きな作品がある。ブエノスアイレスの精神科医で作家のホルヘ・ブカイ氏の『寓話セラピー』という作品だ。51の寓話を時折読み返すたびにいいな、と思う。

20年近く前に初版が発行された本だが、今読んで全く古く感じないから時を超えた哲学があるのだと思う。

その中に「生クリームの中の蛙」の話がある。こんなお話だ。昔、生クリームの瓶に落ちてしまった2匹の蛙がいた。2匹ともしばらくして自分たちが沈み始めていることに気がついた。生クリームは濃い液体で浮いているのが難しかったのだ。そこで2匹は手足をばたつかせて浮いていようとした。しかしこれは労力がいることですぐに沈んでしまい、顔を出して浮くのが難しくなってきた。

1匹は「こんなことをしてもどうせだめ」とあきらめ沈んでいった。もう1匹の蛙のほうは我慢強いというか、「いくら死が迫っているとはいえ最後まで生きるんだ」と足をばたつかせていた。重い液体の中では1センチも進めず、元の場所に浮いたままなのに同じ場所で何度も足を動かし続けていた。

するとさんざん足を動かしたために突然生クリームが固まってバターになり、蛙は驚いてひとっ跳びして瓶の縁に飛び移り、帰って行ったのだという。

「どうせやってもだめ」と思ったり、「もう年だから」と年齢を言い訳にしたりして努力を放棄する傾向がある時のヒントが隠れている。

この寓話、蛙が死と向かい合った中で「できる限り自分ができることをする」というところが心にしみる。蛙は足を動かすのだがそれは単に動かすという動作ではなく自分ができることをして精いっぱい生きる、ということの象徴なのだと思う。

予想外の出来事で、私たちの人生は生クリームの瓶に落ちた蛙のようになることがある。その時、自分がどう生きるか、を問われたような気がする。結果として2匹目の蛙のようなハッピーエンドにはならなくても、できることを続けることの美しさを大事に生きていきたいと思うのだ。

5　今、ひととき

30年以上前、アフリカのカーボベルデ共和国に写真を撮りに出かけた。

この国は1975年にポルトガルから独立した島国で、日本とは外交関係もほとんどなく、当時は情報がまったく手に入らなかった。仕方なくパリにある領事館（といっても、古びたアパートの3階で畳6畳ほどの広さ）を探してビザを取り、リスボンで苦労しながら航空チケットを購入した。

カーボベルデは、大西洋上に浮かぶ小さな島々から成り立つ国だ。

そんなところへなぜ出かけたかというと、それより前、ポルトガルの西海岸を写真を撮りながら北上しているときにつきあってくれた車のドライバー氏が、「あなたはヘンな人だよね。それなら南のほうにアフリカ最後の楽園があるよ」と教えてくれたのだ。どんな楽園なのかははっきりしない。が、「海がきれいで人がいい」ということである。確かに私は人の写真を撮るのが好きだ。ポルトガルでは魚を焼くおばさんやら、海辺に寝転んでひと休みしている漁師やらの写真ばかり撮っていたのである。

ポルトガルから帰り、何年かその島国のことを調べていたが、知っている人が誰もいない。なかには、「それってカナリア諸島のことじゃないの？」などと言う人もいる。でも、カナリア諸島よりもっともっと南、赤道近くの島国のはずなのだ。

やっと偶然、その楽園がカーボベルデという国であることがわかり、出かけたのがこの旅であった。

カーボベルデを楽園というのは難しい。海は確かに美しいが、当時、とても貧しかったのだ。食糧にも苦労している。水が不足しているので、乾燥した土地には野菜が育たない。肉もない。ミルクもない。薬も不足しているし、通信手段もないし、車もない。衣料品も少ないので、人々は半分裸である。

私の泊まった「ホテル」と称する建物は、窓にガラスがなく、木のドアには鍵がない。部屋に蛇口はあるけれど、出てくるのは塩水である。週に一度卵が出ると「わあ、すごい！　卵だ！」という具合。ただし周囲は海なので、ロブスターや魚がとれる。人々は海の幸を焼いて食事をしている。

そんな調子の暮らしではあるが、人々の表情は明るく楽しげである。乾いた大地にはだしの足をしっかりと置き、頭上に貴重品である水を入れたかめを載せ、坂道を並んで歩く女性たちはリズミカルで鼻歌まじりである。その水は、石を積み上げただけの窓ガラスのない吹きさらしの家に住む老人や子供たちに分けるためのものだ。

人々はみな、分け合うことが上手なのである。化粧がなくても生き生きしたその美しさを、私は撮り続けた。

そんなある朝、海辺で一人の少女と出会った。

「こんにちは」

私たちは目で挨拶し、私は少女の写真を撮らせてもらった。そしてふたりで歌ったり踊ったりした。全身がリズムになった少女の声は明るく、私たちは幸せなひとときを過ごした。

その後は一日中、山の村落の撮影をし、日暮れになって私はふたたび海辺に戻った。すると、薄暗くなった浜でまたあの少女に出会ったのだ。少女は海で魚をとって家族に届けた後、浜に戻ってきたらしい。私たちは顔を見合わせて「また会ったね」と叫び、歌い踊った。海と風と乾いた大地とひとつになったように感じた。

貧しく何が起きるかわからないその国では、朝出会った外国人に夕方ふたたび会うことは奇跡なのである。だから私たちは再会がそんなにもうれしかったのだ。「今、ひととき」の出会いを大切にすることが、この国の人々の美しさをつくっているのだった。

しかし……、と私は思う。

朝出会った人と夕方またきめぐり会うことの奇跡は、カーボベルデも日本も同じなのだ、と。朝、「行ってらっしゃい」と家族を送り出し、夕方、当たり前のように迎える私たち。共に過ごすことの喜びをカーボベルデの少女のように分け合うことなど、久しく忘れてしまっている。

今、ひとときを大切にして楽しむことは、お金や食物や衣服が不十分であっても、心豊かに目を輝かせて生きることを可能にするのである。

夏が来て暑い太陽が照りつけるころになると、私はカーボベルデの少女の「また会ったね」という笑顔を思い出すのだ。今はもうすっかり豊かな観光国になったというカーボベルデ。人々はどうしているだろう。

ある朝突然、同居している猫のダダの具合が悪くなった。呼吸が荒く、体を揺らしながら苦しげにうずくまったままなのだ。

15年間病気をしたことがなく、前日まで元気に走り回っていただけに、急激な変化がにわかには信じられない。とにかく病院へと急いだ。酸素を供給するＩＣＵに入院して検査したところ、肺は真っ白であった。胸水がたまっている様子で、どうやら大きな腫瘍ができているらしい。

それから数日は、仕事をしていても落ち着かない。食事をしても食べた気がしないし、味がわからない。だいたいものを食べようという気も起こらず、献立を考えるゆとりもないのである。たかがネコと思われるかもしれないが、なにしろ長い間一緒に過ごし、毎日おしゃべりをした仲なのだ。

　どうして病気になるんだろう、どうして死ななければならないのか、なぜ苦しむのか、という思いが私の心の中で渦巻き続けた。

　そのとき、ふと思ったのだ。病気にならず、いつも一定で変化しないものは美しくないのだ、と。

　花は枯れ、生き物は病気になったり老いたりして死んでゆく。美しく魅力的であるからこそ、変化があるのだ。もしダダが病気にならないロボットであったら、彼はあんなに魅力的ではなかったはずだ。

　花だってプラスティック製なら枯れることはないけれど、美しくない。つまり、魅力的で心が通じ合い、美しいということは同時に、変化し、老い、病気になり死んでゆくということを意味しているのだ。

　限りある生命を共に過ごすことのできるほんのひとときを、十分に楽しみたい。日々の生活に追われていると、自分のもっているものに気づかなくなる。なくしたときに初めてその素晴らしさに気づくなんて、もったいないことだ。

　まわりにいる大切な人に対しても、同じこと。普段は不平不満でいっぱいで、その人の存在の素晴らしさを忘れていることが多いのではないだろうか。でも、その人と出会い、共に過ごす時間は、永遠に続くはずはないのである。

今、自分のもっているいろいろなことについて思いめぐらしてみたい。


ダダは、週末2日だけ奇跡的に回復して家に帰ってきた。家族も私も、もちろんダダも、命がもう数十時間しかないことに気づいていた。私たちは触れ合い、語り合い、悲しいけれど幸せな、宝石のようなひとときを過ごした。

病気も死も老いもつらいものだが、それゆえに、大切なものに目を向けさせてくれることがある。

「限りある時を楽しもうという気持ちがあると、つらいこともつらいだけじゃないんだよね」

ダダにはいろんなことを教わったけれど、最後にまたひとつ教えてもらったようである。

おわりに

大学の教育学部で健康教育の一環として医学一般の講義をする前に、こんな質問をしたことがある。

「南極大陸のような極寒の地に行ったとき、あなたの体温はどうなりますか。逆に赤道直下の暑い場所に行ったとき、体温はどうなりますか」

「変わらない」が正解だ。寒い場所に行っても暑い場所に行っても体温はほぼ一定に保たれる。その機能が失われて低体温になったり熱射病になったりすると、人は生きていけない。ダウンジャケットや保冷剤のおかげではなく、人の体には外界の情況がどうあれ、内部を一定にさせようとする力が備わっている。それを「ホメオスターシス」という。

では、心はどうなのだろう。そんなことを東日本大震災後、何度も考えた。厳しい環境、不安、生命を脅かす脅威、喪失、経済的変化で、外界からのストレスは大きい。巨大なストレスの嵐がふきあれる中で、心のホメオスターシスをどうやって保っていくのか。

心のホメオスターシスについて考えるとき、いつも思い浮かべる歌がある。哲学者、西田幾多郎の歌だ。

「わが心深き底あり喜も憂の波もとゞかじと思ふ」

外界からの刺激に対して喜んだり憂いたりする心の波やざわめきの届かない深い底。そこには体のホメオスターシスと同様、どっしりとして不動な、生命としっかり結びついたものがあるのではないだろうか。それは私たちの生命の基盤になっているように思える。恐怖も不安も届かない心の奥にあるものは何だろう。

東日本大震災で、最後まで住民に避難を呼びかける放送を流し続け、津波にのまれた方の話を多く聞いた。同様に、避難を呼びかけ車で走り続けて亡くなられた市町村の職員の方、水門を閉じる作業で亡くなられた方。その方たちの心に恐怖はなかったのだろうか。様々な報道では「職務に対する責任感」「使命感」として語られた。しかし私には若干異なる思いがある。その方々は職務を超えたもっと強い本質的な力に動かされて行動したのではないか。
心の奥底にある強い力、それは愛であったに違いない。

愛にはいろいろな種類がある。自己愛、家族に対する愛、人々や生き物に対する愛。

家族を愛した人の記憶は家族の心に刻まれ、人々を愛した人の記憶は人々の心に刻まれ生き続ける。後の世代に残すものは何か。人間のもつ強い本質的な力、愛に支えられて外界の波による恐怖を超えて生き切った人たちの生き方、その記憶であろう。

人間のつくったものは、想定外の環境で破壊される。しかし、人間のもつ本質的な強さは嵐で壊されることはない。名前も知らない、出会ったこともない、しかししっかりと生命を生かし切った方々の物語。その生き方の記憶が、暗い時代、後に続く者の心に光を与えてくれる力になるのだと思う。

「どう生きるか」は、常に議論の的になる。一方、死について考えるのを人は避けて通る。しかし、しっかりと生き切った人にとって、死は終着点ではない。

凛としたその生き方は、いつまでも人々に語りつがれ、生き続けるだろう。

この数年間、コロナ禍が続き私たちの生活環境は大きく様変わりした。コロナ禍で毎日家にこもることが多く体調や気分が以前とは違う、と感じる方も多かったと思う。毎日が単調に漫然と過ぎる中で何となく心の活気が失われていくように思える、という声を聞くことも増えた。

世界中で争いが起こり、誰もが戦争は嫌だ、やめなくては、と思いながらも争いが止まらない。戦争は許せないといいながら、職場や家庭で小さな戦争を続けているのが私たちだ。

多様性が大事といいながら、自分と違う外見や意見の人を拒絶してしまうのが自分を含めて多くの人の傾向だろう。いつもいつも自分と異なる意見の人を受け入れるのは難しいけれど、今日一日くらいはやってみよう、と朝起きた時心に決めたりする。「今日一日は人に寛容に」「今日一日は人に親切に」、そんなことを決めて過ごすと、その日は単調ではない特別な一日になる。

私のライフワークになった毎日新聞日曜日の連載が、2冊目の文庫本になった。単行本の原稿に最近の連載原稿を加えるという面倒な編集作業を快くしてくださった毎日新聞出版の宮里潤さんに深く感謝します。

二〇二四年三月

海原純子

海原純子（うみはら・じゅんこ）

博士（医学）・心療内科医、昭和女子大学客員教授。東京慈恵会医科大学卒業。同大講師を経て、1986〜2007年東京で日本初の女性クリニックを開設。2007年厚生労働省健康大使（〜2017年）。2008〜2010年、ハーバード大学大学院ヘルスコミュニケーション研究室客員研究員。日本医科大学医学教育センター特任教授、昭和女子大学特命教授を経て現職。復興庁心の健康サポート事業統括責任者（〜2014年）。被災地調査論文で2016年日本ストレス学会賞受賞。日本生活習慣病予防協会理事。日本ポジティブサイコロジー医学会理事。日本ストレス学会理事。公益財団法人・社会貢献支援財団理事。医学生時代父親の病気のため歌手活動で生活費を捻出しテレビドラマの主題歌などを歌う。医師となり中止していた演奏活動を1999年より再開。オリジナル曲を含むジャズCD『Rondo』『Then and Now』『Waltz For Y』をリリース。

読売新聞「人生案内」回答者。毎日新聞日曜版「新・心のサプリ」、時事通信、ヤフーニュースに執筆。近著に『こころの見方　いい気分を貯めて暮らしたい』『大人の生き方　大人の死に方』『今日一日がちいさな一生』など多数。

本書は２０１１年11月、毎日新聞社より刊行した単行本『困難な時代の心のサプリ　大人の生き方　大人の死に方』を改題し、加筆訂正したものです。

毎日文庫

◆◆◆◆◆◆◆◆◆◆◆◆◆◆◆◆◆◆◆◆◆◆◆◆

いい気分の作り方　困難な時代の心のサプリ

第1刷　2024年4月30日

第2刷　2024年6月10日

編者　海原純子

発行人　小島明日奈

発行所　毎日新聞出版

〒102-0074

東京都千代田区九段南1-6-17 千代田会館5階

営業本部：03(6265)6941

図書編集部：03(6265)6745

印刷・製本　中央精版印刷

ISBN978-4-620-21067-4